Les sept péchés capitaux de la justice française

DU MÊME AUTEUR

Justices, avec Jean-Jacques Gomez, Éditions Atlas Economica, 1996

www.leoscheer.com

Jean-Claude Magendie

Les sept péchés capitaux de la justice française

Éditions Léo Scheer

Avant-propos

L'empereur, considérant l'immense population de l'Empire et le caractère chicaneur des Chinois, en conclut que le nombre des procès tendrait toujours à augmenter dans des proportions effrayantes si, plutôt que de craindre les tribunaux, on était assuré d'y être bien accueilli et d'y recevoir toujours bonne et exacte justice.

Comme l'homme, dit-il, est porté à se faire illusion sur ses propres intérêts, les contestations seraient interminables et la moitié de l'Empire ne suffirait pas pour juger les procès de l'autre moitié. J'entends donc que ceux qui ont recours aux tribunaux soient traités sans pitié, qu'on agisse à leur égard de telle façon que tout le monde soit dégoûté des procès et tremble d'avoir à comparaître devant les magistrats. De cette manière, les bons citoyens qui ont des difficultés entre eux s'arrangeront entre frères, en se soumettant à l'arbitrage des vieillards et du maire de la commune. Quant à ceux qui sont querelleurs, têtus et incorrigibles, qu'ils soient écrasés dans les tribunaux : voilà la justice qui leur est due[1].

De prime abord, nous voilà rassurés : la vision de la justice exprimée par l'empereur de Chine se situe aux antipodes de la nôtre. Nous la voulons accessible, humaine, inspirant confiance. Mais prenons garde. L'état de dégradation de la justice française ne risque-t-il pas de donner objectivement raison au « fils du ciel » ?

Ce qui est sûr, c'est qu'elle est à bout de souffle. Ce constat, tiré de l'expérience judiciaire d'une vie, pourra paraître exagérément pessimiste ; on parle depuis si longtemps de la crise de la justice !

Évidemment, la machine ne va pas s'arrêter. Elle peut continuer à tourner, cahin-caha, avec des ratés, des pannes et des drames…

Mais cette résignation n'est pas sans risques : dans un monde de plus en plus dangereux, exposé au populisme et à la démagogie, la République se trouve affaiblie lorsque les citoyens perdent confiance dans les institutions, spécialement dans une justice qui leur donnerait le sentiment qu'elle n'est pas en mesure de leur assurer la reconnaissance de leurs

1. Cité par le père Huc dans *L'Empire chinois* (1854).

droits ou qu'elle ne respecte pas l'égalité de ceux qui comparaissent devant elle.
Comment cette confiance ne serait-elle pas entamée par le spectacle que les Français découvrent chaque jour :

– une institution judiciaire isolée, muette, trop complexe, et souvent archaïque ;
– une institution dont ils perçoivent mal la place au sein de l'État ;
– un service public paupérisé offrant une image vieillotte et ringarde ;
– des juges qui prennent parti, dans les médias, contre la loi ou l'exécutif alors qu'on attend d'eux qu'ils soient des arbitres au-dessus de la mêlée, respectueux par leur réserve de la diversité des opinions et des courants qui traversent une société pluraliste.

Cette énumération révèle une situation complexe et inquiétante. Pour employer une métaphore médicale, la justice souffre de pathologies multiples, lesquelles, cumulées, conduisent à sa paralysie.

Ce dysfonctionnement de l'ensemble du système judiciaire, j'y ai été confronté lorsque la responsabilité m'a été confiée de présider une grande juridiction de la région parisienne, le Tribunal de grande instance de Créteil, puis celui de Paris, et enfin la Cour d'appel de Paris.

Cette dernière représente à elle seule vingt pour cent des moyens des services judiciaires ; les contentieux de masse y coexistent avec des contentieux hautement spécialisés, parfois à compétence nationale.
Le retentissement des affaires qui y sont traitées est souvent considérable, du fait de la concentration des pouvoirs politique, économique et médiatique dans la capitale.
La justice à Paris et dans la région parisienne offre ainsi un concentré des enjeux judiciaires pour notre société et constitue, à bien des égards, le laboratoire où s'élabore la justice de demain.
Cette expérience me permet d'affirmer que la réforme s'impose si l'on veut redonner à la justice la place qui doit être la sienne en ce début de troisième millénaire.
Mais quelle réforme ?
Le temps des replâtrages est révolu. Le système est trop vermoulu et incohérent, et la créativité dont les acteurs judiciaires font preuve sur le terrain pour pallier ses tares a atteint ses limites.
La justice doit être repensée pour répondre aux attentes des Français. Ils ont besoin d'une justice de qualité, et d'abord au regard de la célérité du traitement des affaires ; tout le reste en découle.

La rénovation du système judiciaire devrait être l'objet d'un grand débat puisqu'elle doit contribuer, plus largement, au renforcement de la démocratie. L'objet de ce livre est d'y contribuer en proposant, à partir de l'examen des sept péchés capitaux de cette institution, les axes essentiels autour desquels sa refondation pourrait s'ordonner.

La dépendance

La justice est-elle indépendante ? C'est bien sûr la première question qui vient à l'esprit, parce que c'est la plus importante.

On sait ce qu'est une justice « aux ordres » : le juge y est réduit à n'être que l'instrument docile du pouvoir auquel il feint d'apporter la caution du droit.

En démocratie, l'État voit ses prérogatives limitées par le principe de séparation des pouvoirs qui interdit tout empiétement de l'exécutif ou du législatif sur la justice ; la règle constitutionnelle de l'inamovibilité des magistrats du siège favorise leur indépendance ; enfin, le principe de non-rétroactivité des lois contraint l'exécutif à n'agir que dans les limites d'un droit préexistant à son intervention.

Tous ces principes sont étrangers aux régimes totalitaires fascistes ou marxistes car antinomiques avec la nature même de ces systèmes politiques.

Dans les premiers, l'État omnipotent constitue la valeur suprême de référence. Pour cette raison, non seulement celui-ci ne saurait tolérer que la justice entrave son action, mais il attend d'elle qu'elle collabore à la réalisation de ses desseins. Le juge de l'Allemagne nazie devait traduire « le saint sentiment du peuple allemand » en conformité avec les dogmes de *Mein Kampf*.

Dans les seconds, le juge, au service du prolétariat, doit exercer ses pouvoirs conformément à « la conscience socialiste du droit ».

Récemment, au Venezuela, le président Chavez a fait emprisonner une juge qu'il a qualifiée de « bandit », et demandé qu'elle fût condamnée à trente ans de prison, parce qu'elle avait remis en liberté un banquier qui était emprisonné depuis plus de trois ans, en violation de la loi. Le président de la Cour suprême a expliqué que « les juges doivent appliquer la loi sévèrement afin de punir les conduites qui affectent négativement la construction du socialisme démocratique bolivarien ».

Notre justice a écrit une des pages les plus noires de son histoire sous le régime de Vichy avec, notamment, l'épisode des sinistres sections spéciales. Un officier allemand ayant été abattu dans le métro par des résistants, les autorités d'occupation firent savoir qu'elles ne renonceraient à de lourdes représailles que si, avant huit jours, six condamnations à mort pour activité communiste étaient prononcées par un tribunal français. Le conseil des ministres présidé par le maréchal Pétain décida que six militants communistes déjà condamnés seraient jugés par une juridiction spéciale de la Cour d'appel de Paris dont le verdict serait sans recours et immédiatement exécutoire.

La section spéciale prononça trois condamnations à mort ainsi qu'une condamnation à perpétuité contre des personnes qui avaient été choisies par le parquet. Il n'avait pas été possible d'obtenir davantage en raison de la menace de ne plus siéger brandie par plusieurs magistrats. Un tribunal d'État, au sein duquel les magistrats étaient minoritaires, fut créé à la hâte. Il condamna à mort les deux inculpés qui n'avaient pas été jugés par la section spéciale.

Cet épisode caractérise à lui seul la nature fondamentalement liberticide de « l'État français » au travers de l'asservissement de sa justice. Cette parenthèse se referma avec le rétablissement de la République.

Au regard de ces considérations, ce n'est que par l'effet d'une perversion de l'esprit que l'on pourrait prétendre que la justice française actuelle n'est pas indépendante, sauf à tomber dans le relativisme.

Mais ce constat d'évidence ne saurait pour autant interdire de faire preuve d'esprit critique, de rechercher les moyens de nature à donner à la justice une place plus conforme aux évolutions de notre société, à conforter son rôle au sein des institutions, bref, à combattre tout ce qui traduit les résurgences historiques d'une limitation de son indépendance.

Les politiques : du mépris à la maltraitance

Le président Valéry Giscard d'Estaing avait décidé, peu après son élection, d'assister à la rentrée solennelle de la Cour de cassation. Le service du protocole vint effectuer un repérage des lieux au terme duquel il signifia qu'il était impensable que le président de la République fût placé dans un fauteuil installé devant la Cour, au pied de celle-ci. Une estrade en angle fut montée à la hâte sur laquelle trônait le fauteuil présidentiel.

Certes, on pourrait ne voir dans ce caprice qu'une manifestation de vanité. Le président de la République avait cependant reconstitué – inconsciemment ? – le décor des lits de justice de l'Ancien Régime où le roi, dans la même disposition matérielle, venait donner ses ordres aux juges récalcitrants.

Cette anecdote illustre la vieille problématique historique française des relations entre le pouvoir

et la justice, qui peut se résumer en une formule : « Je t'aime, moi non plus. »
Les débats actuels sur la place de la justice au sein de l'État en sont une résurgence, et les arrière-pensées de chacun en découlent. Politiques et juges ont de vieux comptes à régler « au nom du peuple français » que les premiers représentent et au nom duquel les seconds rendent leurs décisions.

Depuis la Révolution, le pouvoir s'est méfié de la justice. Cette institution, non contrôlée, ne risquait-elle pas de le défier ? La République n'oubliait pas que les parlements – appellation des cours souveraines sous l'Ancien Régime –, en s'opposant systématiquement au pouvoir royal, avaient contribué, de façon déterminante, à sa chute. Les révolutionnaires étaient hantés par la crainte que les juges ne viennent entraver la mise en application des idées nouvelles. La loi des 16 et 24 août 1790, en interdisant aux tribunaux, sous peine de forfaiture, de prendre directement ou indirectement part à l'exercice du pouvoir législatif et de troubler, de quelque manière que ce fût, les opérations des corps administratifs, consacra cette préoccupation.
Cet abaissement de la justice se justifiait par le principe nouveau de la souveraineté nationale. La souveraineté, jadis exercée par le roi, l'était désormais

par le peuple personnifié par la nation. Mandataire de cette dernière par l'élection, le pouvoir politique ne pouvait concevoir que la justice, qui ne procédait pas d'une délégation directe de souveraineté, pût revendiquer une autonomie de fonctionnement.
C'est dans ces termes de méfiance que les politiques ont, de façon plus ou moins claire et explicite, conçu leur attitude envers la justice.
Considérée comme une simple fonction consistant dans l'application pure et simple de la loi, dont le juge n'était que la bouche, selon la belle formule de Portalis, celle-ci se voyait contestée dès 1790 dans sa nature de pouvoir de l'État.
Une telle conception ne pouvait que conduire les politiques à traiter la justice et ceux qui la rendent non sans une certaine condescendance, mêlée de mépris, malgré l'hypocrite formule habituelle : « Je fais confiance à la justice de mon pays. »
Aussi bien fut-elle souvent malmenée, et l'on ne compte plus les ingérences des hommes politiques dans son exercice.
En 1976, à l'occasion de l'affaire du prince de Broglie, M. Poniatowski, alors ministre de l'Intérieur, annonça au cours d'une conférence de presse qu'il ferait connaître les résultats de l'enquête sur l'assassinat de l'ancien ministre… alors pourtant qu'un juge d'instruction était saisi.

Parfois les choses s'enveniment et vont jusqu'à l'invective. Dans les débuts de la Ve République, pour ne pas remonter trop loin, un ministre en exercice, M. Tomasini, n'hésita pas à traiter publiquement les magistrats de lâches…
On se souvient que, dans une déclaration radiodiffusée en mai 1968, M. Pompidou, alors premier ministre, avait annoncé la libération de manifestants, avant que le tribunal se fût prononcé. Il est vrai qu'au regard du contexte insurrectionnel de l'époque, on touchait ici aux limites de l'état de droit. On se rappelle également Georges Kiejman, alors ministre délégué à la Justice, fustigeant, en 1990, la perquisition conduite par le juge Jean-Pierre dans les locaux du parti socialiste, et qualifiant cette opération, qui n'avait pourtant rien d'illégal, de « cambriolage judiciaire ».

Plusieurs livres ne suffiraient pas à énumérer ces actes d'agression d'hommes politiques de tous bords, de nature à troubler les opérations du corps judiciaire.
La manifestation la plus efficace et la plus tangible du mépris emprunte d'abord la voie budgétaire. Les moyens traditionnellement accordés à la justice sont chiches et ne lui permettent pas de fonctionner correctement ; pauvreté qui a pour corollaires la

lenteur, l'inefficacité, l'inadaptation dont les citoyens se plaignent.

Pourtant le décor est le plus souvent flatteur ; les palais de justice, qui sont encore majoritairement le legs architectural du XIXe siècle, en imposent : colonnades, frontons grecs, immenses salles des pas perdus, tout est là pour célébrer la justice comme on célèbre la messe.

Mais la découverte de l'envers du décor est cruelle, surtout à Paris : des bureaux exigus et surpeuplés, des couloirs encombrés de dossiers, des équipements informatiques quantitativement et qualitativement insuffisants, bref, une réalité indécente que subissent les juges, les personnels et les justiciables.

Malgré les importants efforts entrepris ces vingt dernières années, en particulier dans le domaine immobilier, la réalité demeure globalement celle de la pénurie. Certes, les gouvernements successifs ont eu raison de mettre en avant les progrès budgétaires accomplis ces dernières décennies dans un contexte financier pourtant défavorable ; encore faut-il savoir que les augmentations arrachées à Bercy ont essentiellement concerné le budget de l'administration pénitentiaire ; celui des services judiciaires, qui assure les moyens de fonctionnement des cours et tribunaux, n'a en revanche guère progressé. L'affirmation, par les gardes des sceaux successifs, que le budget de la justice est un bon budget finit, lorsque rien ne change dans les juridictions, par être ressentie comme une provocation par les personnels judiciaires.

Cette maltraitance de la justice par le pouvoir politique pouvait passer relativement inaperçue dans la société française traditionnelle. En revanche, les profondes mutations de notre société après la Deuxième Guerre mondiale, leur absence de prise en compte dans le fonctionnement de la justice ont fait de la France, en la matière, un pays sous-développé au moment même où apparaissaient les contentieux de masse.

La misère rend la justice incapable d'assurer au droit la place qui lui revient dans une société développée, au sein de laquelle il joue un rôle de régulation majeur. Le handicap devient visible et révèle un état de crise chronique.

C'est dire que le redressement ne pourra se faire sans donner à la justice les moyens équivalents à ceux dont elle dispose chez nos grands voisins européens, l'Allemagne, l'Angleterre, l'Espagne notamment.

Cette ambition n'est d'ailleurs pas seulement française : parce que le droit est au cœur de la construction européenne, les justices des différents pays de l'Union doivent offrir des standards de

qualité voisins ; la nôtre se situe à cet égard parmi les derniers de la classe.
Mais, on le comprend, en ces temps de crise financière, les moyens budgétaires alloués doivent l'être avec le souci d'une efficacité optimale.
Cette seule considération suffit à remettre en cause le système judiciaire, tant dans son organisation que dans son fonctionnement.

Les juges : de la résignation à la tentation de la revanche

Face à cette maltraitance, face à cette dégradante tutelle, le corps judiciaire fut longtemps et majoritairement enclin, un peu à l'instar des vieux aristocrates ruinés, à considérer la misère comme une vertu.
Cette attitude des juges n'était pas sans danger : elle les conduisait à s'enfermer dans leur tour d'ivoire et à se réfugier dans une résignation stérile.
Ce n'est qu'avec la création de l'Union fédérale des magistrats (UFM), après la Deuxième Guerre mondiale, que se manifesta au sein du corps judicaire un réflexe de défense contre la situation misérable qui lui était faite. Les questions touchant à la dimension matérielle firent l'objet de revendications jusque-là considérées comme indécentes.
Affaiblis, déconsidérés, les juges n'en continuèrent pas moins à se réfugier dans un individualisme

forcené, qui fut et demeure une des faiblesses majeures de la magistrature. Solitaire face à sa conscience, le juge finissait, comme sous l'effet d'un tropisme, par répugner à toute réflexion et action collectives, considérées comme autant d'atteintes à son libre arbitre, à son indépendance. Ce « splendide isolement » dans lequel le juge se murait lui interdisait de bien saisir les tenants et les aboutissants de son action, d'appréhender le contexte d'ensemble dans lequel elle s'inscrivait, bien au-delà de son intervention ponctuelle.

Le syndicalisme pouvait-il constituer l'antidote à cet individualisme ?

Hors de toute structure syndicale, la magistrature était donc cependant représentée, depuis 1945, par une organisation qui avait le monopole de cette représentation : l'UFM. Fonctionnant sous la forme d'une association, elle se donnait pour but la préservation de l'indépendance de la magistrature et la défense de ses intérêts professionnels.

Peu de temps après sa création, l'UFM s'était interrogée sur l'opportunité de sa transformation en syndicat. Repoussée à plusieurs reprises, essentiellement en raison du risque d'encourir le grief de politisation, cette idée devait cependant cheminer dans les esprits pour aboutir, en 1974, à sa transformation en Union syndicale des magistrats (USM).

Une telle transformation, pour ne pas parler de révolution, avait été facilitée par la consécration du syndicalisme judiciaire dans la jurisprudence du Conseil d'État, mais surtout par le choix très net d'un syndicalisme autonome et apolitique. Le président de l'USM s'expliquait très clairement à cet égard en affirmant que « cette spécificité exclut notamment tout engagement politique, comme son rattachement à une centrale syndicale et interdit aux juges certains gestes, certains actes et certaines paroles et commande au syndicalisme judiciaire de ne pas user des formes d'action inconciliables avec cette mission ».

La transformation de l'UFM en syndicat s'expliquait aussi par l'apparition du Syndicat de la magistrature (SM), lequel, par son dynamisme, s'annonçait comme une organisation concurrente sérieuse. Au demeurant, les espoirs suscités par la création du SM étaient grands. À des propos souvent conformistes, timides, craintifs succédaient des analyses sans complaisance.
Mais, très vite, il fallut déchanter : une minorité agissante de syndiqués fortement politisés entendait mener le combat non sur le terrain judiciaire mais sur le plan politique, la justice ne constituant qu'un levier utile pour obtenir un changement radical de

la société. La fraction modérée fut poussée à la porte par un noyau organisé qui avait eu l'habileté de se rendre maître de tous les leviers de commande syndicaux. Par cette purification de ses rangs, le SM avait fait sa révolution culturelle.

Ce choix idéologique de rupture avec « l'ordre bourgeois » n'empêcha pas le SM d'entretenir un certain flou doctrinal lui permettant, lorsque le pouvoir n'avait pas ses faveurs, d'insister sur son manque de légitimité au regard de l'histoire en marche – la crise de la justice ne participant dès lors que de celle de la société et de « l'État bourgeois » –, puis, lorsque survint un régime plus conforme à ses vœux, de devenir son relais.

C'est ainsi que l'on assista, en 1981, à la promotion de nombreux syndiqués dans les allées du pouvoir ou dans la hiérarchie judiciaire. Que le Conseil supérieur de la magistrature (CSM) fût totalement placé entre les mains d'une proche du président Mitterrand, que tout le fonctionnement de la justice fût verrouillé par l'un des fondateurs du SM, bref que la justice fût totalement subordonnée au politique ne gênait plus ceux qui auparavant se faisaient les chantres d'une indépendance quasi mystique. Ces bonnes consciences qui prônent l'indépendance du parquet ne furent pas troublées par le limogeage immédiat du procureur général de Paris.

Les promotions de syndiqués atténuèrent la déception du SM lorsqu'il s'avéra, en 1982, que les rêves projetés sur l'avènement d'un « ordre nouveau » caractérisé par le passage de l'ombre à la lumière avaient du mal à se concrétiser. Le retour de la droite aux affaires permit au SM de se radicaliser : il n'avait plus les mains dans le cambouis.

La tactique du SM est bien éprouvée, elle emprunte à l'art militaire : elle consiste à tester la résistance de l'adversaire, puis, à défaut de réaction, à viser, à partir de la position investie sans lutte, une cible plus importante.

L'obligation de réserve fut très vite dans le collimateur. Elle est pourtant inhérente au respect de l'impartialité qui s'impose à tout juge dans un procès équitable, et les justiciables peuvent le récuser lorsque, par ses prises de position, il encourt le grief de parti pris. C'est dire l'importance qui s'attache à la prudence avec laquelle le juge doit s'exprimer, au risque de se disqualifier en perdant sa neutralité et de ruiner la confiance que les justiciables doivent pouvoir placer en lui. L'obligation de réserve fut entendue de façon de plus en plus laxiste par des syndiqués, pour ne pas dire violée de plus en plus ouvertement, avant d'être ravalée au rang de concept poussiéreux, liberticide, d'un autre âge.

Dans la foulée, le droit de grève se trouva dans la ligne de mire syndicale.
Assurer la continuité de l'exercice de la justice, au même titre que la défense ou la sécurité, est un devoir de l'État envers les citoyens ; sans justice il n'y a plus d'état de droit.
Cette fonction régalienne de la justice commande que les magistrats n'aient pas le droit de grève ; c'est pourquoi leur statut le leur interdit formellement.
Ces considérations n'ont pas empêché le SM de contester le bien-fondé juridique de cette prohibition, et certains syndiqués de se revendiquer ouvertement grévistes, d'autres l'étant sans le dire en procédant au renvoi des affaires.
Telle est l'attitude de ces gardiens de la norme qui s'en affranchissent lorsqu'elle ne leur convient pas, qui revendiquent le statut de la magistrature en ce qu'il les protège mais qui rejettent les devoirs qu'il leur impose en contrepartie.
Singulier exemple donné aux justiciables et, par-delà, aux citoyens. Singulier État, incapable de faire montre de l'autorité – pour éviter de parler de courage – qui lui imposerait de rappeler cette minorité à ses devoirs. De démissions en lâchetés, comment s'étonner que le droit de grève finisse par s'imposer comme une modalité d'action privilégiée par une fraction du corps judiciaire désireuse,

dissimulée derrière les grands principes, d'en découdre ?
Comment s'étonner aussi du spectacle ridicule de quelques magistrats enrobés brandissant des pancartes entre République et Bastille ? Combien ceux qui ont des comptes à régler avec la justice doivent s'en réjouir, combien ceux qui l'aiment s'en trouvent consternés. Lorsque le cortège se disperse, la fonction judiciaire en sort rabaissée, l'État ridiculisé, le citoyen déboussolé.
L'autre cheval de bataille du SM est, de longue date, la revendication de la cogestion des juridictions. Prendre progressivement le pouvoir en faisant des postes de responsabilité – présidents, premiers présidents – des coquilles vides, imposer ses vues et ses pratiques sur le terrain, décider des affectations des juges relève d'une tactique éprouvée par ces fins connaisseurs du trotskisme. Il s'agit là d'une dénaturation des textes sur le dialogue social dans la justice qui confère aux magistrats pris individuellement, et non aux syndicats, dans des domaines d'ailleurs limitativement énumérés, le droit de donner un avis sur l'administration de leur juridiction. Mettre le doigt dans l'engrenage de la cogestion, c'est, à terme, remettre le pouvoir aux syndicats, et vider de leur substance les textes du statut relatifs aux pouvoirs des chefs de cour et de juridiction.

Refuser cette abdication honteuse n'est pas, sur le terrain, chose aisée. Cette résistance a pour prix une guérilla continuelle, une désinformation aidée par certaines connivences médiatiques, un risque de diabolisation. Or, il est toujours tentant d'avoir la paix par de lâches compromis !

La transgression la plus récente se traduit par la diffusion, dans les juridictions, de contre-circulaires prenant le contre-pied des circulaires officielles du ministère. Le problème est qu'en prenant position sur des points de droit qu'ils seront conduits à trancher à l'occasion d'affaires qui leur seront soumises, ils préjugent, perdent l'impartialité qui s'impose à eux, et privent le procès de son caractère équitable.

L'histoire syndicale ainsi résumée, dont l'action s'est souvent confondue avec le conservatisme et avec le dogmatisme, révèle la perspicacité des analyses du fondateur de l'USM, qui avait parfaitement défini les limites et la spécificité de l'action syndicale pour la rendre compatible avec l'exercice des fonctions juridictionnelles. En ne respectant pas cette ligne modérée et apolitique, le SM a contribué à diviser le corps judiciaire sur le rôle du juge et sur les principes qui le guident et à provoquer, selon sa propre expression, « une crise de légitimation de la justice », au sein de laquelle il a joué le rôle de cheval de Troie.

Diviseur à l'intérieur, n'hésitant pas à s'en prendre à la personne de magistrats qui ne lui plaisent pas, le SM a jeté la suspicion sur la justice dans l'opinion. Toute décision finit, en effet, par n'être plus perçue dans sa réalité objective mais selon l'appartenance philosophique et politique du juge qui l'a rendue : si des magistrats se déclarent ouvertement de gauche, c'est que les autres sont de droite et que les appartenances respectives des uns et des autres dictent leur pratique et orientent leurs décisions. Les médias ne manquent pas d'enfoncer le clou en parlant couramment de « juges rouges » ou de « juges modérés », chacun y retrouvant les siens.

Pourtant, cette approche, qui réduit l'intervention judicaire à un choix de camp, une affaire de préjugés, une question de personnes, est la négation même de la justice.

En outre, la dérive vers la pratique d'un syndicalisme banalisé dans ses modes d'action ne peut qu'entraîner la confusion dans l'esprit des citoyens et entamer la confiance dans la justice, qui ne peut se situer qu'au-dessus de la mêlée.

La dérive syndicale consacre l'existence de deux catégories de juges : ceux qui sont affranchis du respect de l'obligation de réserve du seul fait de leur appartenance syndicale et de la quasi-immunité qu'elle leur assure, et les autres. Ce seul constat de l'existence de deux catégories de juges, dotés de droits et de devoirs différents, traduit l'anomalie de la situation actuelle.

Enfin, la banalisation de l'exercice syndical a progressivement placé les magistrats dans un processus de fonctionnarisation des esprits, faisant perdre de vue les spécificités qui découlent de la place et du rôle de la justice dans la société. C'est ainsi que le SM se déclare solidaire des syndicats qui luttent contre « la politique d'austérité » du gouvernement et appelle les magistrats à participer aux manifestations. Il n'hésite pas davantage à participer à des actions en faveur de personnes sans papiers ou expulsées.

Rétablir la confiance

Cette méfiance durable entre le pouvoir politique et la justice affaiblit la démocratie. La séparation des pouvoirs ne saurait être la guerre des pouvoirs : elle leur impose le dialogue.

Il n'appartient pas au juge de dire au parlement comment il doit voter la loi. Il incombe en revanche aux hommes politiques d'assurer à la justice les moyens nécessaires à son fonctionnement, la pénurie, et son cortège de lourdes contraintes, n'étant pas pour rien dans l'amertume qui règne dans le corps judiciaire. La maltraitance budgétaire n'est sans doute pas étrangère à la révolte d'une partie de la magistrature et a fait le lit d'un syndicalisme judiciaire idéologique.

Pour éviter que le budget des services judicaires continue à être sacrifié à celui de l'administration pénitentiaire, il serait hautement souhaitable que celle-ci quittât le giron de la justice pour retourner à l'Intérieur, duquel elle dépendait jusqu'en 1917. La logique, l'esprit, les missions de l'administration pénitentiaire sont très différents de ceux des autres directions du ministère de la Justice, en sorte que ce retour donnerait plus de lisibilité et de cohérence au ministère de la place Vendôme. Ce système existe d'ailleurs en Grande-Bretagne.

Des moyens à la hauteur de l'ambition ne sont pas tout ; les symboles sont essentiels dans l'histoire des institutions. C'est pourquoi la consécration de la justice en tant que pouvoir doit être posée.

En la réduisant à n'être qu'une autorité, face aux pouvoirs exécutif et législatif, le constituant de 1958, fidèle en cela à notre tradition politique, avait entendu réserver à la justice une place secondaire au sein de l'État. Au début de la Ve République, c'était le président de la République qui présidait le Conseil supérieur de la magistrature, organe chargé de la nomination des magistrats, et qui en nommait tous les membres. Si une telle place du chef de l'État pouvait s'expliquer par son rôle d'arbitre, il ne pouvait plus en être ainsi après le référendum de 1962, qui faisait de lui le chef tout-puissant de l'exécutif.

Des réformes successives, notamment celle de 2008, ont conduit à faire du CSM un organe indépendant de l'exécutif ; le président de la République et le ministre de la Justice sont désormais évincés de sa composition. L'indépendance des juges du siège résultant de leurs garanties statutaires ne peut plus être contestée.

Les exigences européennes concernant l'indépendance de la justice n'ont pas été étrangères à cette évolution dès lors que la justice française finissait par apparaître au sein de l'Union comme une anomalie.

Ne convient-il pas de tirer les conséquences de cette évolution et de faire de la justice un pouvoir ? Nicolas Sarkozy n'a-t-il pas affirmé, à maintes occasions, en particulier devant la Cour de cassation en janvier 2009, que la justice était un pouvoir… « Oui, le mot est lâché, j'ai dit "pouvoir judiciaire". (…) Qui, aujourd'hui, peut nier qu'il existe dans notre pays un réel pouvoir judiciaire ? » Il va de soi qu'une telle consécration renforcerait l'autorité des juges. Elle mettrait un terme aux incertitudes découlant de la nature de service public de la justice, qui revient à faire de celle-ci une administration comme une autre.

Un juge responsable

Avant même toute consécration constitutionnelle du pouvoir judicaire, son émancipation, son indépendance permettent de partir d'un postulat sur lequel tout le monde s'accorde : il ne peut y avoir de pouvoir sans responsabilité. C'est pourquoi celle concernant les juges ne peut être éludée.
Cette question de la responsabilité des juges est légitime dès lors qu'elle ne dissimule pas la volonté de stigmatiser un corps qui n'a aucune raison, bien au contraire, d'être culpabilisé.
Un discours consacré à ce projet lors de la rentrée 2003 du Tribunal de grande instance de Paris avait suscité de l'irritation dans certains cercles de la magistrature, notamment dans les instances syndicales, son auteur étant considéré comme un renégat, voire un traître à sa corporation.
Depuis, les choses ont bien évolué ; il faut dire que l'affaire d'Outreau est passée par là.

Les blocages et les crispations sur le sujet découlent d'une conception dépassée d'une justice omnipotente et de nature quasi divine, d'une compréhension inexacte de l'indépendance des juges, de la peur, dans un corps maltraité sur le plan des moyens, de se voir imputer comme une faute ce qui n'est, le plus souvent, que la résultante de la misère subie.

Que signifie la responsabilité des juges ?

On ne le dira jamais assez : le choix décisionnel des magistrats relève de leur conscience et de la censure éventuelle des juridictions supérieures. C'est parce qu'un juge peut se tromper que notre droit a institué des voies de recours contre les décisions judiciaires. C'est pourquoi une erreur d'interprétation, une erreur d'appréciation, bref, un « mal juger » ne peuvent constituer une faute engageant la responsabilité du juge ou celle de l'État.

Force est d'admettre que l'aléa judiciaire est consubstantiel à tout procès et que tout jugement comporte une prise de risque. Il serait injuste qu'un magistrat doive répondre personnellement de l'incarcération apparue – nécessairement après coup – injustifiée. Bien des problèmes relèvent, non de la faute personnelle des juges, mais bien des seuls risques inhérents à l'activité judiciaire.

La recherche de la responsabilité des juges sur ce terrain porterait immanquablement atteinte à leur indépendance.
En revanche, pourquoi le juge ne pourrait-il être disciplinairement responsable de sa carence professionnelle ? Il reçoit un dossier, l'enferme dans un placard et l'y oublie ; ou bien, insuffisamment diligent, il laisse prescrire des procédures ; ou encore il omet de procéder aux démarches qui s'imposent à tout juge, comme l'expertise d'un parent dont la dangerosité lui a été signalée et auquel il confie néanmoins un enfant.
L'exercice des fonctions juridictionnelles peut aussi être contrôlé au regard des principes éthiques, du principe d'impartialité notamment.
Il est à relever qu'il existe désormais un recueil des obligations déontologiques des magistrats, établi à partir des décisions disciplinaires du CSM, dont ils relèvent au plan disciplinaire. L'existence de ce recueil est essentielle dès lors que tous les juges s'en approprient les règles, qui fondent la légitimité de leur action.
Bien entendu, les carences imputées aux juges seront sanctionnées dès lors qu'elles ne trouveront pas leur cause dans un dysfonctionnement de l'institution elle-même (manque de greffiers, postes vacants de juges, cabinets objectivement surchargés). C'est

pourquoi l'examen du contexte doit être pris en compte, de façon concrète.

À côté de la responsabilité disciplinaire des juges, qui peut conduire à leur infliger une sanction qui va de la réprimande à la révocation, existe la responsabilité civile : tout justiciable peut solliciter la réparation du préjudice causé par la défaillance du service public de la justice, que la faute alléguée soit celle d'un magistrat du siège ou du parquet, ou, plus globalement, celle du service lui-même. Et parce qu'il n'est pas permis à un justiciable de rechercher directement la responsabilité civile du juge – solution sage pour éviter une contestation illimitée de celui-ci, provoquant une perturbation de l'action juridictionnelle –, c'est sur l'État que repose l'obligation d'indemniser les victimes, à charge pour lui de se retourner contre le magistrat ayant commis une faute personnelle pour lui demander de rembourser.

Le volume des procédures en responsabilité de l'État ne cesse d'augmenter, la responsabilité étant le plus souvent fondée sur le déni de justice du fait de délais déraisonnables. Jamais, semble-t-il, l'État n'a engagé d'action récursoire pour obtenir du juge le remboursement des sommes qu'il aurait été contraint de régler par sa faute. Il existe pourtant, même si elles sont peu nombreuses, de telles

hypothèses. C'est bien un mal français que de disposer de règles dont on n'a pas le courage de se servir, ce qui conduit à en chercher d'autres !
Ainsi, pour peu que chacun, chef de cours et de juridictions, CSM, ministre de la Justice, s'acquitte de sa mission, les outils d'une mise en œuvre de la responsabilité des juges, conciliables avec le respect de leur indépendance, existent.

L'administration et l'exécution des décisions de justice

La dépendance la plus choquante du judiciaire par rapport à l'exécutif se manifeste à travers l'exécution des décisions de justice. En effet, un jugement ou un arrêt, revêtu de la formule exécutoire « mande et ordonne à tous huissiers de justice... », peut rester lettre morte si l'administration, qui dispose de la force publique, décide d'en différer l'exécution, voire la refuse en alléguant le risque de trouble qu'elle serait susceptible de causer à l'ordre public.
Si le réalisme conduit à accepter une telle immixtion de l'administration, ce ne peut être qu'à condition qu'elle se trouve cantonnée dans d'étroites limites. Le principe qui doit la guider est celui qui veut que l'administration prête main forte à la justice.
Il y a atteinte à la séparation des pouvoirs, pour ne pas dire confusion des pouvoirs, lorsque l'adminis-

tration, par une appréciation extensive, s'arroge, au cas par cas, le pouvoir d'apprécier les situations individuelles en se substituant au juge, dans l'exécution de la mission constitutionnelle de celui-ci. On a même vu l'administration, lors de l'exécution, ne pas hésiter à modifier les effets d'une décision judiciaire, allant parfois jusqu'à lui donner une portée contraire.

L'atteinte à l'autorité des jugements ruine la sécurité juridique sans laquelle il n'y a pas de liberté, ce qui explique que la Cour européenne des droits de l'homme ait fait du droit à l'exécution des jugements un droit substantiel.

Comment remédier à cette situation ?

Certes, le justiciable peut demander au juge administratif la réparation du préjudice découlant de l'inexécution de la décision rendue en sa faveur. Mais cette voie est longue et sinueuse.

On pourrait bien sûr s'inspirer des solutions mises en œuvre aux États-Unis et en Italie où l'autorité judiciaire peut engager d'office la responsabilité personnelle de tout agent public qui, ayant le devoir d'exécuter une décision de justice, ne l'accomplit pas.

Il paraîtrait plus pertinent de créer un organe d'arbitrage compétent pour juger du bien-fondé du refus d'exécution. Il devrait être suffisamment indépendant de la justice et de l'administration pour ne pas systématiquement avantager l'une ou l'autre. On pourrait imaginer qu'il procède du pouvoir législatif, ou concevoir l'intervention du Défenseur des droits, autorité administrative indépendante nouvellement créée, dès lors que l'inexécution d'une décision de justice porte atteinte auxdits droits en faisant obstacle à leur réalisation.

La division

Deux ordres pour une justice

Les obsèques du Garde des Sceaux Martin du Nord, en 1847, furent l'occasion d'un incident qui fit grand bruit : la délégation du Conseil d'État ayant voulu prendre place, dans le cortège, avant celle de la Cour de cassation, cette dernière, pour marquer sa réprobation, laissa un long espace entre elle et sa devancière puis, une fois parvenue à l'église, refusa de continuer jusqu'au cimetière.
Ce petit événement, relaté par *La Gazette des tribunaux* de l'époque, n'est pas sans faire penser aux vaines querelles de préséance à la cour de Louis XIV si drôlement décrites par Saint-Simon dans ses *Mémoires*.
Pourtant, le premier président de la Cour de cassation contesta le caractère puéril de cette querelle. Il y voyait, au contraire, un problème constitution-

nel : le premier corps de la magistrature inamovible devait, selon lui, l'emporter sur un corps plutôt politique et administratif que judiciaire.
Cette anecdote permet de comprendre que rien n'est plus trompeur que l'image d'un pouvoir judiciaire uni face aux pouvoirs législatif et exécutif. La réalité de la justice française est celle d'une institution démembrée, et donc affaiblie.
Le démembrement résulte pour l'essentiel de l'existence de deux ordres de juridictions : l'ordre judiciaire (tribunaux, cours d'appel et cours de cassation) et l'ordre administratif (tribunaux administratifs, cours administratives d'appel, Conseil d'État).
Ici encore, l'Histoire pèse de tout son poids sur cette réalité et l'explique.
En 1789, l'État devait se présenter comme l'unique représentant de l'intérêt général. La théorie nouvelle de la souveraineté nationale lui permettait d'affirmer avec force cette mission et de s'opposer à tous les pouvoirs intermédiaires susceptibles d'entraver son action.
La justice ne pouvait avoir qu'un rôle amoindri dans cette nouvelle philosophie de l'État. Certes, elle constituait le troisième pouvoir, mais la théorie de la séparation des pouvoirs apparaissait essentiellement conçue dans un sens défavorable au judiciaire. La loi des 16 et 24 août 1790, en faisant défense

au juge de s'immiscer dans l'exercice du pouvoir exécutif et de l'administration qui en est le prolongement, laissait son action en dehors de tout contrôle juridictionnel. L'individu se retrouvait seul, dès lors que les litiges mettant en cause l'administration échappaient au juge. L'État, s'affranchissant des règles communes, mettait sur pied un système dans lequel il se prononçait éventuellement contre lui-même du fait de l'action de ses agents.

Ce choix, qui correspondait aux travers signalés par Tocqueville, consistant à conférer aux agents de l'État les privilèges auparavant reconnus aux agents du roi, était lourd de conséquences au plan de notre philosophie politique et de notre conception des libertés et du droit, à l'opposé de celles existant en Angleterre où le principe d'égalité devant la loi a suffisamment de force pour imposer la soumission de tous, y compris l'administration, à la norme unique, dont l'application relève des tribunaux ordinaires.

Force est cependant de reconnaître qu'à la suite d'une évolution remarquable, une justice administrative s'est constituée. Le juge administratif prend désormais ses décisions « Au nom du peuple français » dans des conditions voisines de celles du corps judiciaire et applique un droit, essentiellement prétorien, dont la qualité est unanimement reconnue.

Convient-il, pour autant, de se satisfaire de cette situation ?

Ce serait négliger les inconvénients pratiques considérables qui en résultent pour les justiciables. La délimitation des compétences respectives est délicate, d'une subtilité qui confine souvent au byzantinisme.

C'est ainsi que la victime d'une maladie nosocomiale doit s'adresser au juge administratif s'il l'a contractée dans un hôpital public, ou au juge judiciaire s'il s'agit du patient d'un établissement privé... Imaginons le drame si la victime est successivement passée de la clinique à l'hôpital !

Dans un domaine différent, celui de la concurrence, celle des deux ordres de juridictions fait rage.

Alors que l'ordre judiciaire est principalement intéressé, parce qu'il est le juge naturel de la vie économique, le Conseil d'État n'a pas entendu abdiquer son pouvoir. Bien qu'il soit à redouter que des divergences apparaissent dans l'interprétation du droit, les juridictions administrative et judiciaire se sont toutes deux déclarées compétentes pour connaître des comportements anticoncurrentiels des personnes publiques. Le Tribunal des conflits a dû intervenir pour décider que ces comportements, fussent-ils le fait d'une personne publique – sauf dans l'exercice de ses prérogatives de puissance publique –, relèveraient du droit commun de la concurrence.

La lourdeur du système, du fait de la nécessité de soumettre les conflits de compétence entre les deux ordres à une juridiction mixte, le Tribunal des conflits, composé pour moitié de membres de la Cour de cassation et pour l'autre de membres du Conseil d'État, entraîne des procédures très longues. Tellement longues, que l'État français a été condamné pour délai déraisonnable, le plaideur, victime d'une infection par le VIH lors d'une transfusion sanguine, étant décédé avant que la question de la compétence entre les deux ordres ait pu être tranchée.

Il convient enfin de souligner que le caractère mixte de la composition du Tribunal des conflits est trompeur, lorsque l'on sait qu'en cas de partage des voix, le Tribunal des conflits est présidé par... le ministre de la Justice, et que toute la procédure conduisant à sa saisine est conçue en faveur de l'administration.

La justification de l'existence d'une justice administrative repose essentiellement sur la compétence des juges qui la composent, sur leur connaissance intime de l'administration.

Cet argument est en effet déterminant. Mais il tomberait de lui-même si le recrutement des juges judiciaires répondait à l'exigence d'une expérience professionnelle antérieure, ce qui constitue, nous le verrons, une des clés de tout changement.

Le maintien du statu quo est d'autant plus délicat que l'organisation de la justice administrative offre au citoyen une image brouillée, ambiguë, source d'interrogations si ce n'est de suspicion. En effet, le Conseil d'État, qui coiffe les juridictions administratives, est aussi conseil du gouvernement. Même si une séparation entre la fonction de conseil et la fonction juridictionnelle a été mise sur pied, récemment d'ailleurs, il n'en demeure pas moins que des observateurs insuffisamment informés pourraient redouter une trop grande proximité entre les membres d'un même grand corps, issus du même concours, l'ENA, ayant parcouru les mêmes allées du pouvoir et de la haute administration, et ayant les mêmes réflexes.

Il ne s'agit nullement de stigmatiser la justice administrative, qui a su créer un droit dont notre pays peut être fier, mais de lui permettre de continuer son œuvre au sein d'une justice enfin réunifiée. Il existerait des chambres administratives dans les grands tribunaux et dans les grandes cours d'appel, et une chambre administrative au sein de la Cour de cassation.

La justice ainsi rassemblée gagnerait en force, en cohérence, en facilité d'accès, en indépendance aussi.

Les autorités administratives indépendantes et le pouvoir de juger, ou le démembrement de la justice

Évoquer la fonction juridictionnelle aujourd'hui oblige à aborder la question des autorités administratives indépendantes (AAI), et tout particulièrement celles disposant d'un pouvoir de sanction.
Leur multiplication correspond à un phénomène général. Toutes les démocraties modernes disposent de telles instances, nées dès le XIXe siècle, en Amérique du Nord, d'une insuffisance supposée du dispositif institutionnel traditionnel à répondre de manière indépendante et avec compétence à des problématiques techniques nouvelles.
La première qui a vu le jour en France est la Commission nationale de l'informatique et des libertés, avec la loi du 6 janvier 1978. Depuis, le paysage institutionnel n'a cessé de s'étendre, au profit d'une mosaïque d'autorités nouvelles destinées notamment à répondre à des obligations d'origine communautaire, telle l'ouverture à la concurrence des secteurs stratégiques de l'énergie et des télécommunications.

Au nombre d'une quarantaine, on en citera les plus connues : la CADA (1979), le Conseil de la concurrence (1986), le CSA (1989), l'ART (1996), la CRE (2000), l'AMF (2003), la Halde (2004)…
En forçant quelque peu le trait, ces autorités peuvent être regroupées en deux catégories : les autorités chargées de la protection des droits et libertés et les autorités de régulation économique. On pourrait également, d'un point de vue plus fondamental encore, distinguer les autorités, au plan institutionnel, selon qu'elles disposent ou non d'un pouvoir de sanction ; car cette prérogative, lorsqu'elle existe, fait d'elles un véritable juge.
C'est ainsi que la commission des sanctions de l'AMF a sanctionné d'un avertissement et d'une sanction pécuniaire de 400 000 euros le Crédit agricole Corporate and Invest Bank et d'une sanction pécuniaire de 500 000 euros la société Natixis, outre la publication de la décision, pour l'utilisation d'une information privilégiée.
Plus spectaculaire encore, c'est une sanction pécuniaire d'un montant cumulé de 534 millions d'euros qu'a prononcée le Conseil de la concurrence à l'encontre des sociétés Orange France, SFR et Bouygues Télécom, pour une entente dans le domaine de la téléphonie mobile. C'est aussi une sanction d'un montant cumulé de 575,4 millions d'euros, dont

300 millions pour trois filiales de la société Arcelor Mittal, qu'il a infligée au secteur de la sidérurgie, pour une entente sur les prix.

Certes, ces sanctions, prononcées par des AAI, ont donc un caractère administratif, mais force est de reconnaître, comme il a été souligné, qu'elles contribuent, avec les sanctions fiscales, à la création et au développement d'un pseudo-droit pénal.

Tout le problème est là. L'éparpillement de la fonction juridictionnelle, la dépossession du juge qu'il induit et son extension à des institutions administratives suscitent des questions de légitimité, de cohérence institutionnelle et de sécurité juridique.

Quant à la légitimité, dans un État démocratique l'unité du pouvoir judiciaire doit être préservée et ne doit pas souffrir de démantèlement au profit d'un autre pouvoir, sous peine de porter atteinte au principe fondamental de la séparation des pouvoirs, atteinte qui à terme ne pourrait que nuire aux libertés et à la sécurité des citoyens.

L'exemple de la Halde illustre les dérives auxquelles le législateur peut être tenté de céder : le projet initial prévoyait que cette AAI disposerait du pouvoir de sanctionner financièrement les discriminations, privant ainsi le juge, dont c'est le rôle institutionnel, à la fois de qualifier les faits de discriminations et de les sanctionner. Ce dispositif n'a finalement pas été retenu, sur l'intervention de la commission des lois du Sénat qui l'a estimé susceptible de « porter atteinte à la séparation des pouvoirs ».

Dans le domaine crucial de l'exercice des libertés fondamentales qui relève, par excellence, du contrôle du juge, le Conseil constitutionnel a rappelé dans sa décision du 10 juin 2009 qu'une AAI ne pouvait disposer d'un pouvoir de sanction général « qui puisse restreindre l'exercice d'une liberté aussi essentielle que la liberté de communication ».

Est également visé ici le risque de la double sanction pénale et administrative pouvant en résulter, comme en matière de concurrence où les pratiques anti-concurrentielles poursuivies et sanctionnées par l'Autorité de la concurrence peuvent l'être également au plan pénal.

En ce qui concerne la cohérence, il est frappant de constater qu'au fil du temps, l'action des AAI, en particulier lorsqu'elles exercent leur pouvoir de sanction, se retrouve progressivement contenue dans des limites déterminées et ramenée autant que faire se peut sous l'emprise du principe du procès équitable.

Un rapport de 2006 de l'Office parlementaire d'évaluation a attiré l'attention sur la nécessité de renforcer les garanties statutaires des membres des AAI dans le sens d'une plus grande impartialité et indépendance. Or, ce sont des qualités que les juges offrent et que leur statut protège ; il doit d'ailleurs être souligné que l'indépendance du juge judiciaire est garantie par la constitution.

On serait donc tenté de conclure que les qualités recherchées dans les membres des AAI sont celles... du juge et que les règles de procédure sont celles... du procès équitable !

Enfin, la complexité nuit à la sécurité juridique : non seulement l'existence de deux ordres de juridictions fait courir au justiciable le risque de se tromper, entre l'administrative et la judiciaire, de juridiction, mais il peut encore commettre l'erreur de saisir une juridiction là où une AAI aurait dû être saisie, et inversement.

Ce n'est pas, pour autant, qu'il faille nécessairement remettre en cause l'existence même des AAI.

Tout d'abord, même si elles sont autonomes dans leur fonctionnement et dans leur prise de décision, leurs décisions sont soumises au contrôle du juge judiciaire ou administratif.

En outre, on peut considérer qu'elles ont une légitimité certaine dans les domaines techniques (nouvelles technologies, audiovisuel, énergie...) omniprésents dans les activités de notre temps. Or, les AAI garantissent des connaissances techniques précises dont le plus souvent les juridictions sont privées. Néanmoins, limiter leur action à l'enquête répondrait mieux aux impératifs à la fois de cohérence institutionnelle, de légitimité et de défense des libertés auxquels est soumise une démocratie. Elles pourraient disposer d'un pouvoir de recommandation, d'avis, voire de transaction (sous réserve d'une homologation par le juge, comme actuellement la Halde), tout en laissant aux juges le pouvoir de juger (dire le droit) et de sanctionner.

La défiance envers le juge, qui offre toutes les garanties statutaires requises et qui est soumis à des règles strictes de procédure, n'est pas justifiée. Il y a lieu, en revanche, d'introduire dans l'exercice de la justice française et dans l'esprit des juges français ainsi que dans leur formation la notion de régulation. Le juge ne serait plus seulement arbitre entre des intérêts privés ou entre des intérêts privés et ceux de la société. Il serait également, dans les cas requis, un juge régulateur qui n'hésiterait pas à infliger des sanctions suffisamment fortes et exemplaires pour corriger les comportements des opérateurs et les inciter à se conformer aux règles en vigueur ou les dissuader de s'en écarter.

Le silence

La presse est, à juste titre, considérée comme un pouvoir ; c'est dire l'importance que revêt la compréhension de ses rapports avec la justice.

Notre société est celle de la communication. Nous lui devons une ouverture sur le monde, une meilleure compréhension des problèmes, une vigilance démocratique accrue. C'est en cela que la presse a été justement qualifiée de « chien de garde de la démocratie ».

Il serait cependant naïf et dangereux d'en négliger les effets pervers. On connaît le risque de prisme déformant de l'image, celui de la manipulation de l'opinion résultant d'une possible collusion du pouvoir économique et du pouvoir médiatique, ou du pouvoir médiatique et du pouvoir politique, dont le récent scandale Murdoch, outre-Manche, constitue une illustration topique. Bref, le « chien de garde » peut, si justement l'on n'y prend pas garde, dévorer son maître, et l'on sait que la démocratie peut s'autodétruire.

La même ambivalence se retrouve dans les rapports de la justice avec les médias. C'est par eux que cette dernière se trouve placée sous le regard de l'opinion. C'est par les médias que la publicité de la justice trouve son expression contemporaine.

Comment leur permettre de remplir leur rôle tout en évitant les effets pervers qui seraient de nature à pervertir le caractère humaniste de la justice et à en fausser la démarche par une pression excessive exercée sur elle ?

Ce serait bien sûr trop facile si la frontière était toujours simple à tracer.

Critiquer un président d'assises dans sa façon de mener un débat, quoi de plus normal – et aussi de plus facile ; mais la critique peut, à un certain degré d'intensité, par la focalisation sur la personne du magistrat, par le caractère vexatoire des propos utilisés, dégénérer en manœuvre de déstabilisation, cela s'est vu.

Sans doute le monde judiciaire a-t-il eu trop tendance, avec d'excellentes intentions, à se défier des médias. Sans doute a-t-il pensé que la publicité des débats, la motivation des décisions – à l'exception regrettable des verdicts rendus par les cours d'assises –, le respect scrupuleux de leur éthique par les juges étaient suffisants et apportaient aux citoyens les garanties attendues. Sans doute les juges mesuraient-ils aussi les risques de voir leur impartialité mise en cause s'ils cédaient à la tentation de se justifier.

Cette autoprotection a contribué à isoler la justice et à rendre son fonctionnement difficilement compréhensible. Elle ne peut plus se désintéresser de la façon dont elle est perçue, elle ne peut plus s'affranchir d'une démarche pédagogique, en un mot, elle ne peut plus se passer de communiquer.

Mais elle doit le faire dans des conditions telles qu'elle n'y perde pas son âme. C'est-à-dire en veillant à ce que cette communication ne mette pas en cause sa liberté, qui constitue une déclinaison de son indépendance.

La justice est complexe ; la compréhension de la logique judiciaire, des contraintes procédurales, du sens de la décision rendue constitue la garantie d'une justice comprise et acceptée. C'est cette explication qui doit être délivrée afin d'éviter que la technicité – indispensable – du processus judiciaire soit perçue comme l'alibi d'une justice lointaine, abstraite, technocratique, et que la défiance s'installe dans les esprits.

Ce travail d'explication devrait être fait au sein des grandes juridictions par des personnes dont la communication soit le métier et qui travaillent en liaison étroite avec les juges. C'est d'ailleurs ce qui existe au sein de certaines juridictions européennes, à la plus grande satisfaction des usagers.

Cela éviterait bien des incompréhensions, bien des procès d'intention, bien des approximations et participerait d'une meilleure qualité de la justice en la faisant mieux comprendre et accepter.

Son silence est partout de plus en plus mal toléré. À l'occasion de l'exécution de Troy Davis, fin septembre 2011, il a été vivement reproché à la Cour suprême des États-Unis, dont la décision était très attendue, de s'être murée dans son silence et d'avoir ainsi fait inutilement la démonstration de son pouvoir sans faire preuve du sens de ses responsabilités.

Une professionnalisation de la communication, outre qu'elle protégerait les juges, éviterait les liaisons dangereuses qui peuvent se nouer entre ces derniers et les journalistes, lesquelles se traduisent parfois par de curieux « renvois d'ascenseur ».

Ce n'est en effet qu'au prix de beaucoup d'hypocrisie que l'on se voile la face sur la collusion entre certains juges et les médias. Les premiers livrent aux seconds des informations couvertes par le secret professionnel, ils reçoivent en contrepartie un soutien tactique de leur action par une promotion médiatique compréhensive de leur démarche. Il ne s'agit de rien de moins que d'une instrumentalisation réciproque avec les dangers que cela comporte, chacun pouvant finalement être dupe de l'autre, et le citoyen des deux.

En outre, cette préoccupation de se faire comprendre inciterait les juges à faire montre de plus de clarté et plus de pédagogie dans leur processus de prise de décision.

La démarche des médias s'en trouverait facilitée, pour peu que les journalistes fassent eux-mêmes l'effort de compréhension et d'exactitude qui va de pair avec le professionnalisme sans lequel ils ne peuvent jouer pleinement leur rôle. Il est décourageant de lire dans des journaux réputés sérieux que « le procureur a désigné le juge d'instruction » ou d'entendre un journaliste spécialisé, sur une grande chaîne de télévision, affirmer au sujet de l'affaire Dominique Strauss-Kahn qu'aux États-Unis, contrairement à ce qui se passe en France, c'est un juge unique qui statue sur la détention de la personne poursuivie…

Faut-il aller plus loin ? Aussi périlleux soit-il de s'opposer à la pensée unique, dont la transparence constitue un des dogmes, il serait lâche et dangereux de céder à cette mode tyrannique.

Il ne faut pas jeter le bébé judiciaire avec l'eau du bain médiatique, mais concilier la liberté de l'information avec le respect d'un certain nombre de principes hors desquels il n'existe plus de procès équitable, à savoir la préservation de la dignité humaine, le respect de la présomption d'innocence, le respect d'une démarche contradictoire.
Le souci de préserver la dignité humaine doit être au cœur d'une justice humaniste ; il borne son action. Le *perpwalk* dont DSK a été l'objet à New York a choqué nos consciences européennes. Cette exhibition humiliante devant les caméras – et qui le serait tout autant si elle s'appliquait à un quidam – ne peut être le tribut payé à la liberté d'informer. Le droit français, qui interdit depuis la loi du 15 juin 2000 de photographier une personne menottée ou entravée, a constitué, à cet égard, une avancée dont on ne peut que se féliciter.
Nous, Français, ne saurions pour autant nous complaire dans une bonne conscience béate. Notre justice peut aussi perdre ses repères : que l'on se souvienne de la complaisance avec laquelle des juges s'étaient prêtés à l'interpellation, à son domicile, de Roland Dumas, ancien ministre, à l'heure du laitier, en présence d'une meute de journalistes et de photographes qui s'étaient sans doute trouvés là par hasard…

Non seulement de telles photos n'apportent rien à l'information mais elles contribuent à donner de la justice une image brutale et violente.
Le respect de la présomption d'innocence s'est trouvé, dans ces occasions, bien malmené. Le préjudice causé à ceux qui en sont l'objet est considérable, spécialement lorsque la justice finit par reconnaître l'innocence de ces personnes jetées en pâture à l'opinion ; ce fut précisément le cas pour le même Roland Dumas.
Entre la présomption d'innocence et un voyeurisme malsain, le choix s'impose. Ne pourrait-on pas s'inspirer des dispositifs protecteurs existant pour les mineurs et les transposer dans la justice des majeurs ?
La justice doit aussi respecter les règles du procès équitable, au premier rang desquelles se trouvent le respect du contradictoire et le principe de loyauté dans l'administration de la preuve. Le processus pénal, soumis au respect de règles de procédure impératives qui garantissent celui des droits de la défense, risque de se trouver perverti lorsqu'un procès parallèle est instruit par les médias qui ne sont pas soumis aux mêmes exigences. Le procès médiatique ne saurait s'instruire sans interférer fâcheusement avec le procès judiciaire. On a même vu certains journaux franchir les limites de

l'intolérable en se livrant à des sondages d'opinion du type : « Pensez-vous que X soit coupable ? »
C'est dans le prétoire que la justice doit être rendue. Pour cette raison, la caméra n'y a pas sa place car, aussi invisible soit-elle, elle modifie les comportements, réduit la justice à un spectacle d'où le voyeurisme n'est pas toujours absent, réintroduit subrepticement, avant même toute condamnation définitive, la peine du pilori, si ce n'est que l'exposition n'est plus faite sur la place du village mais sur la scène du monde ; elle conduit à ressusciter une notion barbare, bannie par notre droit pénal moderne : celle de la responsabilité collective, puisque l'image atteint tout autant le prévenu que ses proches, qui subissent les conséquences d'une telle publicité.
La dignité de la victime, de ses parents, de ses amis ne peut être mise à mal au nom du droit de savoir ce que l'on ne sait précisément pas et que la justice a pour mission, dans un processus qui prend nécessairement du temps, d'établir.

La justice doit accepter la critique médiatique, mais les journalistes ne sauraient échapper à tout questionnement sur eux-mêmes.
Le traitement médiatique de l'affaire DSK par le *New York Post* est édifiant ; il constitue l'exemple

presque caricatural de l'abus de la liberté d'informer, qui n'est plus que celle d'humilier et de salir. Le lendemain de l'arrestation de DSK, ce journal titrait « L'argent sale », faisant ainsi le lien entre les fonctions de directeur du FMI et le crime sexuel que celui-ci aurait commis. Les titres suivants devaient battre des records de vulgarité : « Pépé le putois », « Le Français pleurnichard », « Le Gaulois qui en pince pour la fesse » et, le jour où DSK est libéré, « La grenouille prend ses jambes à son cou ».

Est-il normal que le *New York Post*, après avoir condamné DSK sur les seules charges et l'avoir humilié par l'usage de termes dégradants, se retourne ensuite vers la plaignante qu'il avait jusqu'alors entourée de toute sa commisération pour la traiter de « pute », passant la réputation et la dignité d'un homme puis d'une femme par pertes et profits ?

Bien que les journalistes français s'honorent de ne pas tomber dans cette fange, on a pu constater la même logique dans le traitement de l'affaire d'Outreau.

Là aussi, la démarche médiatique a consisté, lors de l'éclatement de l'affaire, à adopter une présentation à charge du dossier, à accréditer l'idée de l'exploitation sexuelle d'enfants de milieux très défavorisés, vendus par leurs parents à des notables pour permettre à ceux-ci d'assouvir leurs plaisirs sexuels. Le procès devait conduire à un retournement complet des médias qui ne parlèrent plus que des « vies brisées », des « treize innocents couverts d'opprobre », de « la justice en confusion », pour terminer sur cette interrogation angoissante de *L'Express* : « Faut-il avoir peur de la justice ? »

L'affaire Baudis constitue, à bien des égards, l'exemple le plus caractéristique des dérives médiatiques en matière judiciaire.

C'est un article du *Monde* du 12 mai 2003 qui fut le coup d'envoi de cette tragédie. Sous le titre à la une « Le tueur de Toulouse était-il protégé ? », l'article principal, signé Jean-Paul Besset, correspondant du journal à Toulouse, se référait à l'affaire Patrice Alègre, du nom de ce criminel que ses agissements avaient conduit à la condamnation à perpétuité pour viols et meurtres dans les années 1990. Les questions posées dans l'article avaient de quoi captiver l'opinion : « Le mystère Alègre va-t-il commencer à s'éclaircir et révéler un énorme scandale ? Les enquêteurs le soupçonnent d'avoir été protégé par des pans entiers des institutions politiques et judiciaires de la ville, ainsi que par des personnalités toulousaines de premier plan. » Cette interrogation découlait selon le journaliste d'éléments objectifs bien troublants : « Les gendarmes ont retrouvé des prostituées qui ont fui Toulouse depuis dix ans et qui, terrorisées, se cachent encore aujourd'hui... Elles donnent des noms, ont reconnu des participants sur photos : il s'agirait d'hommes politiques, de magistrats, de personnalités de la bourgeoisie locale... »

La rumeur se retrouvait dans *Le Figaro* sous la plume de P. Motta : « À Toulouse, entre secret de l'instruction et Polichinelle, la différence est parfois difficile à faire. Trois hauts magistrats, cinq policiers, trois hommes politiques de premier plan : le nom des personnes désignées dans la procédure circulent bien au-delà du microcosme médiatico-judiciaire. »

Le journal *Libération* n'était pas en reste : G. Laval évoquait « des détails et des noms qui font déjà trembler le commissariat, le palais de justice et les sphères politiques municipales ».

Pour ceux qui n'auraient pas encore compris, le nom de l'ancien maire de Toulouse, Dominique Baudis, fut évoqué, comme ceux du procureur général de Toulouse, M. Wolff, et du substitut Bourragué... Le secret de Polichinelle annoncé se révélait, en effet, en être un.

La Dépêche du Midi joua un rôle considérable dans l'emballement médiatique qui s'ensuivit. Plusieurs articles de ce journal relevaient du réquisitoire et mettaient la justice sous pression. Ainsi, dans un article du 10 avril 2003, sous le titre « Les embarras de la justice toulousaine », Jean-Christophe Giesbert reprochait à la justice de ne pas instruire comme il convenait : « Nous n'osons croire qu'il s'agit là d'éviter quelques fâcheux tracas à tels policiers, tel magistrat aujourd'hui en poste à Montauban, et aux notables toulousains qui, selon les témoignages recueillis par la justice, auraient fait preuve de mansuétude à l'égard de Patrice Alègre… »

Le comble de l'abjection fut franchi avec la diffusion sur TF1, lors du journal de 20 heures présenté par Patrick Poivre d'Arvor, d'un reportage au cours duquel un travesti, désirant rester anonyme, corrobora la rumeur sur les soirées sadomasochistes dont parlaient les prostituées.

C'est avec beaucoup de justesse que Dominique Baudis dénonça par la suite « le procédé le plus lâche, celui de la lettre anonyme, démultiplié par la télévision. Le "corbeau" passe au 20 heures… Extraordinaire inversion des valeurs : se cacher sous un masque pour lancer de terribles accusations devient un élément de crédibilité. Si les témoins ne montrent pas leur visage, c'est qu'ils courent des risques. Et, s'ils se sentent en danger, c'est la preuve qu'ils révèlent la vérité. Le tour est joué !… ».

Dès la mi-juin, l'affaire commença à se dégonfler, même si *La Dépêche du Midi* continuait sa charge. Patrice Alègre revenait sur ses accusations et, le 17 juin, les prostituées dont les déclarations étaient à l'origine de l'affaire étaient confondues.

Finalement, cet amas de mensonges sordides apparaissait comme la volonté de personnalités troubles, fragiles, et à bien des égards pathologiques, de nuire ou de salir tous ceux qui incarnaient la société honnie.

Par leur absence de professionnalisme, par leur manque de prudence et d'éthique, un certain nombre de journalistes, préférant le scandale à la vérité, s'étaient laissés abuser par des misérables livrant ceux qu'ils dénonçaient à la vindicte publique.

La preuve fut faite, à cette occasion, de la pression médiatique exercée sur la justice, de nature à en contrarier le déroulement normal. *La Dépêche du Midi* ne cachait pas la volonté qui avait été la sienne de forcer la main de la justice ; et le procureur de Toulouse révélait le succès de cette entreprise en justifiant l'ouverture d'une instruction judiciaire par le fait que « la pression médiatique était telle que nous aurions également été soupçonnés d'être partisans ».

Proclamer que la liberté d'informer prévaut sur toute autre considération est sans doute une position confortable mais elle ne résiste pas à l'analyse.

L'affaire Murdoch, qui a vu, outre-Manche, des journalistes, vraisemblablement avec l'accord de leur rédaction, procéder à des écoutes sauvages, est venue à propos nous rappeler que la liberté d'informer suppose le respect de règles éthiques, spécialement dans la recherche de l'information. Parce que la liberté peut dégénérer en abus, il importe de définir les règles qui préservent d'une telle dérive.

Pourquoi affirmer que tout pouvoir, y compris la justice, suppose une responsabilité et considérer qu'il n'existe qu'une exception à ce principe, au profit du pouvoir médiatique ? Pourquoi tant d'angélisme et d'hypocrisie en laissant croire que la responsabilité du journaliste découlerait du lectorat lui-même, lequel se détournerait d'un journal sortant des clous ? Il y a fort à parier que les ventes du *New York Post* ont été « boostées » par les articles au vitriol contre DSK puis par ceux tout aussi orduriers contre sa « victime ». Le scandale est un excellent fonds de commerce médiatique et, en ce domaine, la mémoire est particulièrement courte.
Les rapports presse-justice posent à l'évidence la question de la nécessaire conciliation de la liberté d'informer, liberté fondamentale à valeur constitutionnelle, avec le respect du principe de la présomption d'innocence et l'exigence de garantir, en toutes circonstances, la dignité humaine. Les enjeux pour

notre démocratie sont trop importants pour être laissés à la discrétion de chacun.

On ne saurait feindre d'ignorer les risques pour les droits les plus essentiels de la personne découlant de la possible surenchère médiatique, de la course effrénée à l'audimat, et de la recherche, à tout prix, du scoop.

On connaît l'hostilité des journalistes à tout système déontologique contraignant, reposant sur l'adoption d'un code de déontologie dont la violation serait désavouée publiquement par un conseil national de la presse, indépendant du pouvoir politique et du pouvoir économique.

Dont acte. Mais il leur appartient alors de trouver en eux-mêmes, collectivement, les moyens d'une autorégulation de nature à assurer au public une information plus fiable et à éviter les abus qui apparaissent de façon récurrente.

L'« affaire Baudis » avait suscité beaucoup de réactions salutaires au sein même de la profession de journaliste. Philippe Val, sur France Inter, parlait « d'abjection », tandis que Jean-Claude Guillebaud, dans *Le Nouvel Observateur*, stigmatisait Karl Zéro et qualifiait son feuilleton sur Canal + de « point d'aboutissement ultime de la dérive médiatique ordinaire lorsqu'elle confine à la plus pure saloperie ». Franz-Olivier Giesbert relevait que « jamais depuis longtemps les médias n'avaient fait preuve d'une telle légèreté, d'une telle inconséquence. Le premier venu peut élucubrer sur l'affaire, pourvu qu'il porte des accusations vendeuses ».

À l'autocritique succédèrent des réflexions de fond sous la plume d'Alain-Gérard Slama, de Jean-Philippe Mestre, de Jean-Claude Allanic, traduisant l'existence, au cœur même du monde médiatique, d'une démarche de responsabilisation.

Cette exigence qui s'impose dans notre société a conduit les juges à s'engager dans une démarche similaire ; les journalistes ne pourront durablement s'y soustraire.

Les médias eux-mêmes y gagneraient en crédibilité. Ils amélioreraient une image très dégradée dans l'opinion puisqu'un sondage révèle que seulement 49 % des Français font confiance à la presse écrite, et 46 % à la télévision.

La dispersion

L'organisation territoriale de la justice était largement obsolète ; ce constat a conduit à une réforme achevée en décembre 2010. Force est de constater qu'elle n'a que faiblement remédié aux lacunes. L'essentiel reste à faire, le serpent de mer de la carte judiciaire n'est pas mort…

Pourtant, tout le monde s'accordait sur le constat : conçue sous Napoléon Ier pour une société encore rurale, modernisée en 1958, la carte judiciaire était devenue au fil du temps en total déphasage avec les réalités économiques, démographiques et sociales de la France contemporaine. Des régions et des villes prospères au début du XIXe siècle étaient en déclin, tandis que d'autres centres s'étaient développés considérablement à l'occasion de la révolution industrielle.

En outre, la révolution des transports, celle des techniques de communication, au premier rang

desquelles l'informatique, remettaient totalement en cause les données humaines et matérielles sur lesquelles la carte judiciaire avait été conçue.
De plus, de nouveaux contentieux, notamment ceux concernant la régulation économique et les biotechnologies, étaient apparus, nécessitant, pour les traiter, une spécialisation poussée.
Enfin, les finalités même de la justice s'étaient renouvelées, intégrant, à côté de la fonction traditionnelle d'ordre et de rappel des principes du vivre-ensemble, les fonctions nouvelles de régulation et de renforcement du lien social.
L'économie du projet de la future carte judiciaire telle que présentée par le président de la République en 2007, et dont on avait cru comprendre qu'elle servirait de feuille de route au ministre – une cour d'appel par région administrative, un tribunal de grande instance par département –, présentait l'avantage de la simplicité et rendait possible, à partir de cette structuration, de concevoir un système permettant de répondre aux impératifs de la réforme :
– mise en cohérence des structures judiciaires avec les structures administratives, donnant à la justice les moyens d'un véritable partenariat avec les administrations ;
– possibilité de spécialisation et d'hyperspécialisation de certaines grandes cours d'appel et de certains

grands tribunaux, à l'instar de ceux de Paris, pour traiter des contentieux hautement complexes, parfois d'intérêt national ;
– création de tribunaux départementaux de première instance, connaissant l'ensemble des litiges puisque leur seraient rattachés les tribunaux d'instance, les conseils de prud'hommes et les tribunaux de commerce ;
– optimisation de l'organisation par un regroupement des moyens humains et matériels favorisant l'accès à la justice comme l'exercice d'une justice de qualité, respectueuse des deniers publics ;
– amélioration des délais de traitement des contentieux.

Si la réforme adoptée fut des plus limitées dans ses effets, elle n'en fit pas moins l'objet d'une contestation acharnée au sein des services judiciaires et de la représentation nationale.

Toutes les cours d'appel furent maintenues, tandis que seulement 23 tribunaux de grande instance sur 181 furent supprimés. Ce sont essentiellement les tribunaux d'instance – qui rendent la justice la moins contestée – qui furent concernés : 178 d'entre eux disparurent.

Tout cela résulta de ce que le débat, au lieu de se concentrer sur l'essentiel – rationalité managériale, fonctions de la justice, politiques d'accès au droit et à la justice –, finit par se réduire à des calculs de distance kilométrique entre le tribunal d'instance supprimé et les justiciables, entre le futur tribunal d'instance et les fonctionnaires du tribunal supprimé, comme si l'on était encore au temps des diligences, comme si le maintien d'une juridiction faisait partie des droits acquis des fonctionnaires et des avocats, comme si le juge était un produit de consommation courante, au même titre que le café ou le journal, comme si, enfin, l'intérêt général ne devait pas primer sur toute autre considération !

La fonction de proximité de la justice par rapport aux citoyens aurait dû être un des points phares de la réforme, à partir d'une réflexion sur les maisons de justice et du droit, outil d'une justice accessible, proche, humaine et gratuite, et dont le succès parisien suffit à démontrer l'utilité.

Ces structures pouvaient, en outre, accompagner la réforme en maintenant dans les communes concernées par la suppression d'une juridiction une présence judiciaire et un lieu d'accès au droit pour tous.

C'est dire combien la déception fut grande, à la mesure des attentes et des enjeux de cette réforme, condition nécessaire à la rénovation de la justice.

Alors, beaucoup de bruit pour rien ? On peut se consoler en constatant que ce qui a été fait, aussi modeste fût-il, a révélé qu'il était possible de faire bouger les lignes, même sur un dossier aussi difficile, aussi « plombé » par l'alliance des conservatismes de tous poils.

Mais, maigre consolation, peut-être valait-il mieux que la réforme de la carte judiciaire ne fût qu'ébauchée, tant il est vrai qu'elle devait aller de pair avec l'ensemble de la rénovation de l'institution judiciaire, après une réflexion approfondie sur les fonctions de la justice, ses méthodes et ses moyens.

Faute de réforme d'ampleur et parce que les besoins s'imposent, une carte judiciaire parallèle à la carte officielle s'est progressivement imposée. Elle consiste à regrouper les compétences judiciaires ou budgétaires au sein de certains tribunaux ou de certaines cours. La démarche, bien qu'indispensable, n'en est pas moins tortueuse, coûteuse et peu lisible.

L'ARCHAÏSME

Comment, dans un monde où la technique révolutionne les méthodes de travail, où la pédagogie l'emporte sur le principe d'autorité, où, partant, les finalités de la justice se trouvent renouvelées, maintenir des archaïsmes qui contribuent à paralyser son fonctionnement et à ternir son image ?

Toute réflexion sur la justice passe par une redéfinition de l'office du juge, par un renouvellement de ses méthodes, par une modernisation de son langage.

Des méthodes et un office dépassés

Il est temps d'en finir avec le juge « bonne à tout faire ».

Les considérations relatives à l'économie de la justice, consistant à concilier l'exigence de qualité avec celle de la maîtrise des dépenses publiques, sont incontournables. Aucun pays développé ne s'y soustrait. Cette démarche est non seulement légitime, mais elle peut être l'occasion d'échapper aux routines et aux habitudes pour réfléchir à un système nouveau, plus conforme aux attentes de nos concitoyens.

À cet égard, le débat sur l'insuffisance du nombre des juges est l'exemple topique du faux débat ou, plus exactement, du leurre qui empêche de se poser les vraies questions. Les gardes des sceaux successifs viennent triomphalement annoncer, lors des congrès de magistrats, la création de nouveaux postes de juges, à l'aune de laquelle se mesurent leur influence, leur poids politique. On a, de fait, assisté à une croissance importante des effectifs de magistrats ces dernières décennies, passés de 6327 en 1999 à 8185 en 2010.

Cette augmentation sera toujours insuffisante dans un système peu efficace, qui tourne sur lui-même, et au sein duquel la rationalité occupe une place si modeste. La crise chronique de la justice, la sinistrose des juges devraient être l'occasion salutaire de nous pencher sur la réalité judiciaire et sur ce que les citoyens attendent de la justice, plutôt que de poursuivre la course sans fin aux créations d'emplois, sport bien français qui évite de se poser la seule question qui vaille : des emplois, pourquoi faire ?

Le nombre de magistrats professionnels pourra d'autant plus facilement être réduit – autour de 3 000 – qu'il sera remédié au caractère archaïque de leur intervention : le juge doit, en effet, se résoudre à tout faire par lui-même, ne disposant ni d'assistants, ni de secrétaire, ni de moyens matériels suffisants. À lui de contacter la secrétaire d'un avocat par téléphone ou celle d'un commissaire de police ; comme les appariteurs font défaut, c'est souvent à lui d'en faire fonction.

Sur le modèle de nombreux pays étrangers, l'aide à la décision restituerait au juge les conditions lui permettant de décider de la façon la plus éclairée possible. Des fonctionnaires, qui pourraient être des greffiers en chef, auraient pour mission de l'assister. Sous sa direction, ils seraient chargés, outre de la mise en forme des dossiers, des travaux de recherche et de documentation, prépareraient des mesures d'instruction, rédigeraient des projets de jugement dans les affaires simples, le juge décidant seul, en dernière analyse et sous sa responsabilité exclusive.

Cette intégration des greffiers dans le processus judiciaire mettrait un terme à la tendance à l'autonomie d'un corps qui ne peut, sans absurdité, ne pas être directement sous l'autorité de ceux qui l'utilisent, comme c'est le cas aujourd'hui.

Cette intégration faciliterait la constitution de pôles permettant aux magistrats, fonctionnaires et assistants de justice de travailler en services ou en équipes.
Le fait, pour des juges, de décider, seuls ou en collégialité, sur les dossiers qui leur sont soumis, ne saurait en effet les dispenser de travailler de façon plus collective, à travers la réflexion partagée de tous ceux qui connaissent, au sein du même tribunal ou de la même cour, de contentieux du même type (social, familial, économique, grande criminalité...). Il s'agit ainsi de créer des viviers de compétence, de favoriser les formations communes, d'encourager le dialogue et les échanges avec l'Université et le Barreau, mais aussi de favoriser l'harmonisation de la jurisprudence au sein d'une même juridiction. C'est ce qui a été mis en œuvre à la Cour d'appel de Paris, c'est la même démarche qui existe au Canada sans que personne ait la stupidité d'y voir une atteinte à l'indépendance juridictionnelle. Heureux pays que le Canada !
La justice devrait pouvoir disposer des outils informatiques qui lui font défaut : le sous-équipement, l'obsolescence des appareils, des systèmes souvent incompatibles entre eux, nécessitant le travail stérile de saisies multiples, l'absence de personnel de maintenance (le site du Palais de Justice de Paris

n'a pas d'ingénieur informatique !) ne peuvent que faire de la justice une administration peu efficace.

Parallèlement à la modernisation des méthodes, la mission du juge doit être revisitée. Il doit être recentré sur le cœur de sa mission qui est d'apporter une solution aux conflits dont il est saisi. Son rôle social, qu'il ne peut que mal remplir parce qu'il n'est pas fait pour cela, doit être transféré aux administrations, qui ont toute légitimité en ce domaine.

Au pénal, il faudra bien finir par admettre que toute sanction n'implique pas nécessairement l'intervention judiciaire : c'est ainsi qu'en matière de contraventions, spécialement en matière d'infractions à la circulation, le juge ne devrait plus intervenir que dans le cadre d'un recours, dans des cas bien définis, contre la décision qui serait prise en amont, à un autre niveau que le sien.

La question devrait également être posée de savoir si les fonctions de juge de l'application des peines doivent être maintenues, alors que d'autres pays européens ne les connaissent pas.

En matière civile et sociale, devraient être multipliés les mécanismes permettant de différer l'intervention judiciaire pour permettre à d'autres modes de régulation de jouer ; la médiation, la conciliation et le précontentieux pourraient être favorisés et développés, le juge gardant un rôle de recours et de contrôle. Ainsi, par exemple, dans les litiges mettant en cause une catégorie professionnelle ou sociale structurée – assureurs, médecins, syndics de copropriété… –, ne pourrait-on pas conférer à un organisme émanant de ces structures professionnelles et comprenant des usagers une mission de conciliation ou de précontentieux ? Ce n'est qu'en cas d'échec de cette tentative de règlement que le juge pourrait être saisi par voie de recours, ce qui aurait en outre la vertu de délimiter clairement l'objet de sa saisine.

Enfin, pour éviter la multiplication des procès, spécialement dans le domaine du droit de la consommation, ne devrait-on pas s'orienter vers la technique des actions de groupe, qui permettent de trancher, par une seule procédure, les litiges opposant plusieurs demandeurs au même défendeur ?

Cette procédure, dont on a l'avantage de bien connaître les risques de dérives, apparus aux États-Unis, pour mieux les éviter, répondrait aux souhaits de nos concitoyens d'accéder plus facilement à la justice.

Elle comblerait un vide juridique, car les outils actuels en matière de droit de la consommation sont très limités. Les consommateurs peuvent subir individuellement des préjudices très faibles, trop faibles pour qu'ils envisagent d'agir en justice, mais

dont l'addition permet aux entreprises de dégager des bénéfices illicites ou abusifs considérables. La *class action* aurait ainsi pour effet d'introduire une moralisation de la vie économique et de rétablir l'égalité entre consommateurs et entreprises.
Cette procédure garantit, en outre, la sécurité juridique puisqu'elle permet de regrouper de nombreuses affaires devant une même juridiction qui sera en mesure de leur apporter une solution identique. On peut même imaginer de désigner des tribunaux spécialisés en la matière.

La médiation : pour en finir avec la monoculture du duel

Il est arrivé à la France d'être en retard d'une guerre. C'est ce qui risque de se passer pour notre justice avec les modes alternatifs de règlement des litiges.
La question est bien plus importante qu'il n'y paraît. De quoi s'agit-il ?
Le déroulement d'un procès emprunte beaucoup au duel ; on parle d'ailleurs de « duel judiciaire ». Les arguments sont échangés par les adversaires comme le sont des coups d'épée et à l'issue du combat le juge tranche, une partie triomphe – elle gagne son procès –, l'autre perd – elle est déboutée.

Le secret espoir de chacun, sur le pré comme dans le prétoire, est d'éliminer l'adversaire.
Certes, ce duel judiciaire est ritualisé, pacifié par la procédure et, au final, le triomphe doit être celui du droit.
Mais comment empêcher que cette confrontation entre adversaires ne laisse des blessures mal refermées ? Comment éviter qu'elle avive les tensions ?
Sans doute les Français possèdent-ils dans leurs gènes cette culture de l'affrontement et peu de propension au compromis. Cette pesanteur culturelle explique sans doute la difficulté d'introduire dans notre pays les « modes alternatifs de règlement des conflits », au premier rang desquels se situe la médiation, comme ont su le faire le Canada et, plus près de nous, la Grande-Bretagne et les Pays-Bas.
On ne peut que déplorer que la justice française continue à se caractériser par la monoculture du duel. La médiation permet en effet une autre justice. Ce processus consiste à laisser les parties, sous l'égide d'un médiateur neutre et indépendant, trouver elles-mêmes une solution à leur différend en dépassant son aspect strictement juridique, qui parfois masque le véritable conflit, et en préservant l'avenir, préoccupation essentielle toutes les fois que les parties doivent continuer à vivre ensemble,

spécialement dans le domaine familial ou dans le monde des affaires.

Introduite dans notre législation en 1995, la médiation peine à s'imposer. Certains magistrats y voient un risque d'abandon de leurs pouvoirs ou la création d'une justice au rabais, tandis que des avocats redoutent le risque économique qu'elle présenterait pour eux.

L'une des principales raisons de l'échec relatif de la médiation découle de ce qu'elle a été présentée comme un moyen de désengorger les juridictions, laissant penser qu'elle se confond avec une justice au rabais, alors que c'est son aspect qualitatif qui doit être mis en exergue : elle participe pleinement au rôle de la justice, garante de la paix sociale. Elle ne conduit pas à un abandon par le juge de son pouvoir, mais correspond à une justice plus consensuelle et plus apaisée.

Beaucoup a été fait sur le terrain, notamment à la Cour d'appel de Paris et dans son ressort, pour développer cette mesure en veillant à ce qu'elle soit le plus possible intégrée tant dans le processus judiciaire que dans l'organisation juridictionnelle. Les résultats sont encourageants et la pratique dément les alarmes. Les avocats jouent un rôle essentiel dans la mise en œuvre de la médiation, les juges s'y impliquent pour la proposer.

Loin d'être une justice au rabais, elle recueille un satisfecit considérable de ceux qui y recourent. Une enquête franco-américaine récente, menée auprès d'un panel d'entreprises françaises représentatives, révèle que 84 % de celles-ci sont satisfaites par la médiation. Ce taux exceptionnel s'explique par le fait que ce sont les parties elles-mêmes qui sont à l'origine de la solution ; le gain de temps, d'argent, la préservation des bonnes relations entre les parties sont retenus comme les principaux avantages de cette mesure.

Mais les expériences sur le terrain ne sauraient, aussi encourageantes soient-elles, suffire. Le succès nécessite le passage de l'expérimentation locale à une pratique massive et banalisée ; ainsi requiert-il un fort engagement du ministère de la Justice, et sa capacité à concevoir une véritable politique en la matière. La place Vendôme manque à cet égard de vision et d'ambition. Il n'existe même pas un bureau de la médiation au sein du ministère de la Justice !

Alors que la récente directive européenne sur la médiation aurait pu être l'occasion de faire preuve de volontarisme, sa transposition, c'est-à-dire sa traduction dans le droit positif, semble devoir être faite a minima, presque à regret. Une des pistes les plus prometteuses consisterait à trouver des incitations financières au recours à cette mesure.

Près de nous pourtant, l'Italie – peut-être parce que sa justice est au bord de l'asphyxie – s'est engagée dans une démarche ambitieuse. Elle a imposé le recours préalable à la médiation et la partie qui la refuse et qui est ensuite condamnée au terme du processus judiciaire voit l'ensemble des frais du procès mis à sa charge.
La médiation, sans être une panacée, sans se poser en rivale de la justice traditionnelle, offrirait à nos concitoyens, là où elle apparaît utile, « une justice douce », en ce qu'elle ne trancherait pas mais procèderait de la volonté des parties, une justice moins coûteuse, une justice plus rapide, et ses vertus rejailliraient sur notre société en la pacifiant.
Sachons nous inspirer des meilleures justices pour, à notre tour, faire de la nôtre une justice d'apaisement, enrichie par la diversification de ses réponses.
Une justice rénovée sera celle dans laquelle la médiation se verra attribuer une place à part entière et non un strapontin.

Pour de nouveaux habits et de nouveaux langages

Il serait temps que la justice change de langage et les acteurs de costume !
Robes rouges, parements d'hermines, jabots de dentelle, mantelets inspiraient à une société tradi-

tionnelle, sinon le respect, du moins la crainte. Lors des audiences solennelles de la Cour de cassation, le premier président et les présidents de chambre portent un costume d'audience inspiré de celui… des rois de France ! Il leur faut un aide pour le revêtir.

Le rituel n'est pas sans emprunter à l'Église d'antan, si ce n'est que les génuflexions y sont à peine ébauchées.

Tout cela constitue le legs d'une société disparue, fondée sur des croyances d'un autre temps. Qui sait encore que la couleur rouge de la robe était sous l'Ancien Régime la prérogative des membres des cours souveraines ?

Le citoyen contemporain risque de ne voir dans le spectacle qui lui est offert qu'une mascarade baroque, d'autres considérant que cette justice ne peut que leur être étrangère, d'autres enfin, ayant l'esprit mal placé, que la force de la justice est inversement proportionnelle à l'image solennelle et impressionnante qu'elle cherche à donner d'elle-même ; on le sait, « l'habit ne fait pas le moine », et se pose bien vite la question : et si tous ces costumes n'étaient qu'un cache-misère – que symbolise le lapin qui remplace l'hermine ? Le Conseil d'État a eu l'intelligence de mettre ses costumes d'antan sous une vitrine ; ils n'ajoutaient rien à son prestige.

Même les juges anglais, dans une société où le ridicule est heureusement compensé par l'humour, commencent à abandonner la perruque !
La toge conserve une importance symbolique qui peut être comprise, celui qui la porte abdiquant sa singularité pour se fondre dans sa fonction. Mais la robe noire suffirait à la tâche. Que tous les magistrats portent le même costume serait aussi de nature à faire comprendre l'unité du corps auquel ils appartiennent et l'égalité qui doit présider à leurs rapports.

Sur la scène du théâtre judiciaire, le langage doit être aussi rénové, spécialement à la Cour de cassation, la plus haute juridiction de l'ordre judiciaire.
Le caractère ésotérique de ses arrêts, dans lesquels elle décide souvent par voie d'affirmation, sans véritable motivation, loin de lui assurer un quelconque prestige nuit à son autorité. Ses décisions, dont certaines sont lourdes de conséquences pour la société toute entière, apparaissent frappées au coin de l'arbitraire. Ce faisant, elle alimente l'insécurité juridique qu'elle a pour vocation principale d'empêcher. Ces décisions elliptiques laissent les juges devant lesquels l'arrêt cassé est renvoyé, pour que l'affaire soit rejugée, dans l'ignorance de ce que la Cour a décidé et les contraignent alors à procéder

par voie de divination ; elles condamnent la doctrine, comme cela a souvent été dit, à pratiquer une science occulte.

Ainsi, recluse et appauvrie dans un rôle souvent mineur, asphyxiée par un contentieux pléthorique – elle traite environ 30 000 arrêts par an –, faute d'opérer un choix parmi les dossiers qui lui sont soumis en ne retenant que ceux qui présentent un intérêt juridique majeur, la Cour de cassation se condamne à être l'illustration judiciaire du mythe du tonneau des Danaïdes.

Comment s'étonner que, confrontée à semblable désolation, qui lui impose de repenser les finalités mêmes de son action, elle soit si chatouilleuse face aux avancées du Conseil constitutionnel dont elle craint qu'il ne devienne la véritable Cour suprême en France ? Pourtant, il ne tenait qu'à elle-même, pour peu qu'elle le voulût, de le devenir dans le domaine spécifique qui est le sien. Faute d'avoir opéré cette indispensable mutation, la Cour de cassation se résigne à n'avoir plus que la fierté de son passé et le prestige des apparences.

La confusion

Bien que le juge d'instruction n'intervienne que dans moins de 5 % des affaires, il n'en constitue pas moins le personnage emblématique de notre procédure pénale. Cet homme, « le plus puissant de France », selon la citation attribuée à Napoléon Ier, apparaît obligatoirement dans les affaires criminelles et dans les dossiers pénaux les plus importants, les plus complexes, les plus médiatisés.

Dans les affaires qu'il ne traite pas, c'est-à-dire dans l'écrasante majorité des cas, ce sont les magistrats du parquet qui enquêtent et décident de l'opportunité des poursuites. Ils peuvent alors soit renvoyer la personne poursuivie devant la juridiction pénale, soit décider de saisir le juge d'instruction.

C'est dire le lien étroit qui existe entre juge d'instruction et parquet et la nécessité, pour garder sa cohérence au système, de ne jamais toucher à l'un sans se préoccuper de l'autre.

Le système actuel révèle la confusion que chacun d'eux présente : confusion des genres pour le parquet, tenant à sa qualité de magistrat, confusion des rôles pour le juge d'instruction, tout à la fois juge et enquêteur.

Le juge d'instruction ou la confusion des rôles

Chacun se souvient de l'émoi suscité dans l'opinion par l'affaire d'Outreau, communément appelée par la suite « le scandale judicaire d'Outreau », qui se clôtura par l'acquittement, devant la Cour d'assises, des deux tiers des dix-sept accusés de viol sur mineurs, après qu'ils eurent effectué de longues détentions provisoires.
L'émoi fut si considérable – la presse parlant même de « Tchernobyl judiciaire » – que notre justice pénale fut remise en cause dans ses fondements mêmes.
Une commission d'enquête fut constituée, chargée d'analyser les raisons de ce fiasco judiciaire et de proposer les réformes susceptibles d'éviter son renouvellement.
Cette intrusion parlementaire dans le domaine judiciaire avait pu apparaître à certains problématique au regard du principe de séparation des pouvoirs, même si la commission s'en était défendue, dès lors

qu'il convenait d'apprécier la façon dont les magistrats s'étaient acquittés de leur mission. L'exercice, qui pouvait conduire des parlementaires à « juger les juges », était périlleux. Il n'évita pas de se transformer parfois en une séance d'exorcisme ou toute une société – politiques, journalistes, magistrats, citoyens – se donnait bonne conscience en stigmatisant publiquement les responsables désignés du désastre. La technique du bouc émissaire est éprouvée, ses vertus de thérapie sociale incomparables.

Le juge d'instruction qui avait été en charge de l'affaire fut entendu par la commission ; il accepta de l'être publiquement, en direct, sur les chaînes parlementaires.

Son « interrogatoire » se déroula de telle sorte que l'on en ressentit quelque gêne. L'humiliation publique, même consentie, n'est pas dans nos mœurs, souhaitons qu'elle n'y entre jamais.

La commission, dont l'importance des moyens contrastait singulièrement avec ceux dont dispose la justice, n'en réalisa pas moins un travail approfondi, d'une grande qualité. Procédant à la « radiographie de l'affaire », elle identifia les causes ayant conduit au désastre : le défaut de prudence et de méthode dans la façon de recueillir et traiter la parole de l'enfant, une instruction à sens unique, une valorisation excessive du rôle des experts, eux-mêmes piégés par la logique de l'instruction à charge, des droits de la défense malmenés, des défaillances dans l'ensemble de la chaîne judiciaire chargée de contrôler l'instruction, une pression médiatique excessive enfin.

Cette analyse mettait en lumière toutes les tares communément dénoncées ici ou là de longue date et dont le cumul avait conduit à une situation non maîtrisable. L'avantage de cette analyse systémique était de favoriser une réflexion d'ensemble sur la procédure pénale, débouchant sur des préconisations cohérentes et non sur un saupoudrage. Ce n'était pas le grand soir, mais ce qui était proposé était de nature à modifier en profondeur le système existant.

La commission s'était, bien sûr, posé la question de savoir s'il convenait de procéder à la suppression du juge d'instruction. Considérant que l'analyse du dossier d'Outreau révélait que nombre de dysfonctionnements tenaient à la solitude de ce juge, la commission se montra favorable au maintien de la fonction, mais exercée de façon collégiale, au sein d'un « collège de l'instruction ». Et, eu égard aux garanties découlant de ce choix, elle se montra favorable à ce que l'examen de la détention, qui est actuellement de la compétence du juge des libertés et de la détention, fût transféré à ce nouvel organe.

L'idée d'une collégialité de l'instruction n'est pas nouvelle. Le dispositif adopté par le parlement en 1985, à l'initiative du Garde des Sceaux de l'époque, Robert Badinter, consistait à créer des chambres de l'instruction composées de trois magistrats du siège, dont deux au moins étaient juges d'instruction. Cette réforme n'avait pu voir le jour pour des raisons financières.

Lors des auditions devant la commission, un autre point de vue avait été développé. Il reprenait les critiques anciennes, antérieures à la dernière guerre mondiale, dont le juge d'instruction est régulièrement la cible.

En effet, ce magistrat se trouve dans une position intenable en raison de ses deux casquettes d'enquêteur et de juge, alors que ces deux fonctions doivent, à l'évidence, être séparées tant elles répondent à des logiques différentes, sinon contradictoires. Ce juge « schizophrène » doit, en effet, avoir la pugnacité et la ruse du policier pour collecter les preuves et confondre le coupable, et la neutralité du juge pour veiller à assurer le respect des droits de la défense et garantir au procès pénal son caractère équitable.

Aussi, l'affirmation selon laquelle le juge d'instruction instruit à charge et à décharge ressemble-t-elle davantage à une pétition de principe sans grande réalité. En d'autres termes, c'est la fonction du juge d'instruction qui se trouve viciée de façon intrinsèque.

Le caractère univoque de l'instruction dans l'affaire d'Outreau, analysé longuement par la commission, n'aurait-il pas été la manifestation de cette contradiction et l'aboutissement de cette logique ?

Comment, en effet, ne pas redouter que le juge d'instruction soit privé du recul nécessaire sur l'affaire qu'il traite, comment ne pas craindre que le juge disparaisse derrière l'enquêteur enfermé dans la logique de sa démarche policière ?

Si l'on en croit *Le Canard enchaîné*, dont l'information fut relayée par plusieurs autres journaux, dans une affaire financière célèbre, traitée au pôle financier du Tribunal de grande instance de Paris – l'affaire Elf –, on vit un juge d'instruction non moins célèbre – Mme Eva Joly – demander au président du tribunal, sans état d'âme apparent, des crédits pour pouvoir fêter au champagne, avec les enquêteurs, l'arrestation d'un mis en examen en fuite...

Cette confusion entre le juge et l'enquêteur – qui n'existait d'ailleurs pas à l'origine, dans le Code de procédure pénale de 1808 – était devenue tellement problématique que le législateur avait fini, en 2000,

par retirer au juge d'instruction le pouvoir de statuer sur la détention de la personne mise en examen, pouvoir qui était justement analysé comme un puissant moyen de pression exercé par le juge sur la personne poursuivie. C'est ainsi qu'un juge des libertés et de la détention avait été créé. C'est de ce juge que le magistrat instructeur devait solliciter la détention lorsqu'elle lui apparaissait nécessaire.
La logique devrait conduire à aller au bout de cette démarche en mettant fin à la confusion des rôles et des genres.

En janvier 2009, le président de la République, évoquant le traumatisme qui avait parcouru la nation toute entière lors de l'affaire d'Outreau, fit part de sa volonté de voir notre système pénal rénové en profondeur, en modifiant la fonction du juge d'instruction, autour duquel il s'organise. Il s'exprima en ces termes : « Le juge en charge de l'enquête ne peut raisonnablement veiller, en même temps, à la garantie des droits de la personne mise en examen (…). Le juge d'instruction, en la forme actuelle, ne peut être l'arbitre. »
Une commission fut chargée de réfléchir à la refonte du Code pénal. Elle remit son rapport. Le temps passa, les ministres de la Justice également, et de groupes de travail en cercles de réflexion, le projet

demeura inachevé dans les placards de la chancellerie.
Ce placard est-il un congélateur ou un incinérateur ?
Les mêmes causes produisant les mêmes effets, combien d'autres affaires d'Outreau faudra-t-il subir pour ressusciter le projet de réforme de notre procédure pénale ?
À entendre certains, l'affaire DSK aurait agi comme un repoussoir et serait de nature à enterrer définitivement le projet de réforme de l'instruction.
Depuis le tribunal de Manhattan, en subissant l'épreuve du *perpwalk*, c'est-à-dire l'exposition médiatique avant de comparaître devant le juge, DSK aurait sauvé le juge d'instruction !
Un tel résultat serait consternant.
Il est d'abord contestable de juger du système américain – plus précisément new-yorkais dans cette affaire – à l'aune de nos propres conceptions de la justice pénale et de notre sensibilité. Un système judiciaire répressif est étroitement lié aux traditions, à l'histoire et aux valeurs communément partagés par les membres du corps social.
Il est ensuite inexact de ne retenir du système américain que sa phase accusatoire initiale, la plus visible puisque largement relayée par les médias, la plus violente aussi, sans égard pour la phase suivante qui consiste, pour la défense, à rechercher

les failles dans les preuves produites par le procureur et à tenter ainsi d'introduire un doute « au-delà du doute raisonnable » sur la crédibilité des charges. C'est ce qui fut fait par les défenseurs de DSK. L'accumulation des mensonges de la victime, la prise en compte d'un certain nombre d'éléments matériels vinrent affaiblir la crédibilité de l'accusation à un point tel que le procureur de New York, Cyrus Vance, se vit contraint d'abandonner les poursuites.

Il n'est que trop évident qu'un système pénal doit être appréhendé dans sa globalité, dans sa cohérence, et non à partir d'éléments isolés pour les besoins de la démonstration.

Il est enfin, et surtout, intellectuellement malhonnête de suggérer que la suppression de la fonction du juge d'instruction, telle qu'elle existe actuellement, nous conduirait inévitablement à verser dans le système américain. L'affirmation n'est, bien sûr, pas totalement innocente tant il existe un consensus en France sur le constat que ce système ne répond pas à nos conceptions, celle de l'égalité en particulier.

En effet, une égalité entre accusation et défense dans le système accusatoire suppose que celle-ci dispose, pour pouvoir contrebalancer l'action de l'accusation, de moyens financiers importants. DSK ou Simpson Jones auraient-ils été privés de ces moyens que le risque judiciaire eût pour eux été considérable. Combien de condamnés qui attendent dans le couloir de la mort sont-ils victimes de cette inégalité criante ?

Bien loin de singer le système américain, la bonne réforme consisterait à remplacer le juge d'instruction par le juge de l'instruction, ou mieux encore par un pôle de l'instruction, c'est-à-dire par un ou des magistrats du siège qui seraient compétents pour contrôler la procédure d'enquête, pour apprécier sa régularité, pour s'assurer de son bon déroulement, pour décider de toutes les mesures attentatoires aux libertés et pour apprécier si des mesures d'investigation complémentaires s'imposent.

Il pourrait, dans ce cadre, être saisi à tout moment de demandes, tant par l'accusation que par la défense ou par la victime. Il s'agirait ainsi d'adopter résolument un système que l'on peut qualifier de « contradictoire », notamment dans le déroulement de l'expertise pénale. Ce ne serait, d'ailleurs, que l'aboutissement logique de toute l'évolution de notre procédure pénale au cours de ces dernières décennies, évolution imposée par les principes européens du procès équitable. L'accusation serait placée sur un strict pied d'égalité avec la défense, au regard notamment du respect du principe du contradictoire.

Le rôle d'arbitre ainsi conféré au juge de l'instruction – qui conduirait logiquement à la suppression du juge des libertés et de la détention – nécessite-t-il de revoir le statut de l'accusation, c'est-à-dire du parquet ?

Celui-ci, contrairement au siège, est hiérarchisé et placé sous l'autorité du Garde des Sceaux, en sorte qu'il dépend de l'exécutif. Pour cette raison, ses membres ne disposent pas des mêmes garanties statutaires que les juges en ce qui concerne le déroulement de leur carrière ; le Conseil supérieur de la magistrature dont ils dépendent n'est appelé qu'à donner un avis, qui ne lie pas le ministre, lors de leur nomination ou de leur avancement. Mais cette dépendance hiérarchique se trouve fortement tempérée par un certain nombre de mécanismes, le plus important tenant à l'engagement des poursuites, dont l'opportunité appartient au parquet : si le ministre peut donner des instructions générales (poursuivre prioritairement tel ou tel type de délinquance par exemple), ainsi que des instructions particulières de poursuite, il lui est interdit, en revanche, de donner des instructions particulières de ne pas poursuivre.

Le principe de dépendance hiérarchique et les limites qui lui sont apportées traduisent la nature hybride du parquet, dont les membres sont tout à la fois magistrats et fonctionnaires.

Faut-il maintenir cette conception, qui structure notre procédure pénale depuis deux siècles, ou, au contraire, faut-il la clarifier, en optant, pour ses membres, entre le statut de magistrat ou celui de fonctionnaire ?

La transformation du juge d'instruction en juge de l'instruction, qui mettrait fin à la confusion que le premier présente entre les fonctions d'enquêteur et de juge, devrait logiquement conduire à la même clarification pour le parquetier.

Son indépendance totale, à l'instar de celle reconnue au juge, a été avancée comme répondant à une nécessité ; elle éviterait tout risque d'immixtion du pouvoir politique dans le déroulement des enquêtes, dès lors que le parquetier trouverait dans son statut les garanties de l'indépendance de son action et serait mis à l'abri des pressions de toutes sortes.

L'idée peut paraître séduisante, par l'évidence de sa logique apparente. Mais c'est une fausse bonne idée lorsque l'on y regarde de plus près.

Les fonctions de jugement et les fonctions de poursuite ne requièrent pas la même indépendance, parce que la poursuite n'implique pas la neutralité et l'impartialité requise du magistrat du siège, mais postule au contraire un parti pris. D'ailleurs, convient-il de souligner qu'une grande partie de l'instruction, quand ce n'est pas la plus importante, est diligentée par la police agissant sur commission rogatoire du juge d'instruction ?

Les fonctions de poursuite s'inscrivent, en outre, dans une politique pénale décidée par le pouvoir politique, ce qui préserve la justice des risques inhérents à une institution en apesanteur, coupée de l'État et de la société, livrée à l'arbitraire de chaque procureur appliquant la loi en fonction de sa propre conception, au risque de voir se creuser un fossé entre la justice et le corps social, spécialement en période de troubles.

Ces considérations conduisent à écarter l'idée d'un procureur de la nation dont l'existence viendrait couronner l'édifice d'un parquet indépendant, mais privé de toute légitimité, à travers le choix d'une personnalité mythique, sans passé et sans avenir, tout droit descendue de l'Olympe.

Conférer aux membres du parquet le même statut qu'aux juges renforcerait dans l'esprit du public la confusion entre les deux fonctions de poursuite et de jugement, source de suspicion envers le système pris dans son ensemble. Loin d'un progrès, il s'agirait d'une régression.

Parce que les conceptions ont changé, notre système pénal ne peut plus se satisfaire du statu quo qui consacre, sous le même vocable ambigu de « magistrats », ceux du parquet et ceux du siège, issus du même concours et de la même école et qui peuvent passer d'une fonction à l'autre. Pour être pleinement dans son rôle d'arbitre, le juge a besoin d'une accusation assumée, face à une défense forte et libre, placée sur un strict pied d'égalité.

La séparation des fonctions nécessite de mettre fin à l'unité du corps judiciaire ; si elle paraissait aller de soi au regard de l'état de la société, elle heurte aujourd'hui les principes qui fondent le procès équitable.

Cette séparation a d'ailleurs commencé à se réaliser sur le terrain, magistrats du siège et magistrats du parquet n'ayant plus la même proximité que celle qu'ils avaient auparavant.

Les membres du parquet seraient recrutés de façon distincte, auraient une formation qui leur serait propre, officieraient dans des locaux séparés de ceux des juges.

Le juge devrait être considéré constitutionnellement comme le seul gardien des libertés individuelles, si l'on veut tirer toutes les conséquences de la jurisprudence européenne selon laquelle le parquet ne constitue pas, en France, une autorité judiciaire,

du fait notamment de son absence d'indépendance à l'égard du pouvoir exécutif.
Mais, on le comprend, la confiance des citoyens dans la justice nécessite de la doter des mécanismes interdisant de penser qu'elle pourrait être à deux vitesses ; tantôt forte pour les faibles, tantôt faible pour les puissants. La suspicion gangrène notre justice et affaiblit notre démocratie.
Ce dont a besoin le parquet à cet égard, c'est, non d'une indépendance statutaire, mais d'une indépendance fonctionnelle, garantissant que les poursuites ne seront pas entravées par quelque intervention que ce soit, celle du pouvoir politique en particulier.
Cette indépendance fonctionnelle ne résulte pas nécessairement de l'appartenance de l'autorité de poursuite à la magistrature ; c'est d'ailleurs le cas, près de nous, en Allemagne et en Angleterre, deux grandes démocraties où la justice joue pleinement son rôle. Il lui faut être seulement en mesure de remplir sa mission, qui est de rassembler les charges établissant une violation de la loi pénale et d'en saisir le juge. Il est de plus en plus mal compris, comme le procès Chirac en est l'illustration, que le parquet puisse, dans ce qui relève pourtant de l'exercice de sa fonction de magistrat, faire valoir une thèse favorable au prévenu ; tout se passe alors, aux yeux du public, comme si le ministère public était à contre-emploi.

Les membres de l'autorité de poursuite se verraient conférer un statut spécifique, protecteur de leur indépendance dans l'engagement des poursuites et dans le déroulement de l'enquête.
Parce que la possibilité pour la victime de se constituer partie civile, qui permet de vaincre l'éventuelle inertie du parquet, constitue un garde-fou important, elle serait maintenue.
Mais on sait que cette procédure n'est pas suffisante, dès lors que la victime peut se détourner de la voie pénale, ne serait-ce que parce qu'elle a été dédommagée.
Afin d'éviter la paralysie des poursuites, spécialement dans les affaires politico-financières, ne pourrait-on imaginer qu'elles puissent être automatiquement engagées à la demande d'associations agréées, comme cela existe en matière de consommation ou d'environnement, et que la décision éventuelle de classement puisse être soumise à un juge du siège ?

Recrutement des juges et ouverture de la justice

Dans de nombreux domaines, notamment civil, social, économique, le droit devient de plus en plus complexe. Sa mise en œuvre requiert un professionnalisme de plus en plus marqué. À défaut, la justice perd la prévisibilité indispensable qui conditionne la confiance dans l'institution.

Prévisibilité rime, en effet, avec sécurité juridique. Une justice de qualité doit permettre, malgré l'aléa inhérent à tout procès, de déterminer, à travers l'examen de la procédure, des règles de preuves, des règles de fond, de l'état de la jurisprudence, les chances raisonnables de succès ou d'échec.

Une justice dans laquelle l'aléa serait total (50/50) verrait son autorité ruinée.

C'est dire l'importance qui s'attache à la compétence du juge dans notre pays où son indépendance, fort heureusement, est acquise.

Le recrutement des juges avait été la préoccupation essentielle du ministre de la Justice, Michel Debré, lorsqu'il fut chargé par le général de Gaulle, en 1958, de procéder à une réforme judiciaire d'ensemble. Le chef de l'État déplorait alors la situation du recrutement de la magistrature en ces termes : « Bien que le niveau d'entrée ait été abaissé, il devenait impossible de pourvoir à tous les emplois et l'on pouvait se demander si, parmi ceux qui les rempliraient, n'allait pas apparaître un lot d'insuffisants et d'incapables. »

La crise du recrutement s'expliquait par le sort matériel déplorable fait aux magistrats, qui les plaçait au sein de l'État dans une situation humiliante.

C'est pourquoi le premier volet de la réforme consista à faire bénéficier le corps judiciaire d'une situation matérielle convenable, offrant à ses membres des perspectives de carrière attrayantes. Les traitements furent considérablement revalorisés, l'échelonnement indiciaire se situant à parité avec les administrateurs civils issus de l'ENA.

L'aspect matériel réglé, il était désormais possible de mettre en place un recrutement de qualité.

Le Centre national d'études judiciaires fut créé dans ce but. L'École nationale de la magistrature le remplaça en 1972. Le concours d'entrée à cette école, réservé aux étudiants, une fois leur diplôme universitaire obtenu, constituait la voie normale d'accès aux fonctions judiciaires, à côté de divers recrutements parallèles.

Le principe même d'une école chargée de former les juges, de les faire réfléchir sur leurs pratiques et sur leur place dans l'État et la société, de leur inculquer les principes éthiques qui doivent fonder leur démarche doit être maintenu. Tout comme le concours qui doit rester le mode d'accès normal à cette école dès lors qu'il constitue une des modalités du principe d'égalité au cœur de notre République ; il récompense le mérite et l'effort.

Mais cette conservation de l'école doit aujourd'hui passer par une réforme profonde du système. On reproche aux juges d'être trop refermés sur eux-mêmes, de ne pas connaître les réalités économiques et sociales qui constituent le contexte de leur action, bref, d'être ignorants des réalités du monde sur lequel ils prétendent agir.

En outre, dans des domaines très techniques du contentieux – régulation économique, droit boursier par exemple –, l'érudition, aussi poussée soit-elle, ne peut se passer de la connaissance pratique des choses.

Ce constat, très largement partagé, devrait conduire à exiger des candidats au concours – outre les conditions de diplômes universitaires actuelles –

une expérience professionnelle adéquate de l'ordre de dix ans.

Cette solution paraît, en effet, très préférable à celle consistant à introduire une période de stage au sein de la scolarité, qui n'offre pas la même vertu de diversification des parcours et des expériences qu'une longue pratique professionnelle dont la justice peut ensuite profiter.

Un tel mode de recrutement favoriserait aussi une meilleure osmose du milieu judiciaire puisque nombre d'avocats seraient tout naturellement conduits à se porter candidats. Le passage fréquent du barreau à la magistrature serait de nature à modifier profondément l'état d'esprit de l'un et de l'autre, et ce rapprochement renforcerait la justice dans son ensemble, l'expression « famille judiciaire » souvent utilisée ne recouvrant aujourd'hui aucune réalité.

Ce mode de recrutement permettrait aussi, en fonction des parcours professionnels préalablement exercés, de constituer des filières, en modifiant les règles statutaires absurdes qui empêchent souvent l'affectation des magistrats aux postes que l'intérêt du service commande, c'est-à-dire là où ils sont le plus qualifiés et le plus utiles. L'adoption du principe de la séparation du grade et de la fonction, permettant d'avancer dans le même poste, permettrait de

résoudre l'équation compétence-avancement, ce que le système actuel s'épuise à obtenir.
Mais, bien entendu, ce recrutement parmi des personnes déjà engagées dans une carrière professionnelle n'aurait de sens que si les fonctions judiciaires étaient, au plan financier, suffisamment attrayantes pour susciter des candidatures de qualité. Il supposerait de sortir la magistrature de la grille de la fonction publique, ce qui permettrait une revalorisation importante des rémunérations : elles deviendraient comparables à celles dont bénéficient les membres des assemblées ; la diminution importante du nombre de juges rendrait cette mesure financièrement possible. Elle serait en outre facilitée par le recours accru aux juges de proximité, sélectionnés parmi des personnes justifiant d'une expérience juridique suffisante et appelés à résoudre les litiges de la vie quotidienne.

Les juges, la justice économique et la justice sociale

Le professionnalisme renforcé des juges, dans les contentieux qui nécessitent la connaissance d'un droit complexe, permettrait en outre de renforcer le rôle de la justice dans deux domaines particulièrement stratégiques, le domaine économique et le domaine social, en réformant profondément la justice consulaire et la justice prud'homale.

Le droit commercial n'a cessé d'évoluer, avec une rapidité et une complexité croissantes. L'évolution qui s'est fait jour a vu le droit commercial, à l'origine droit des marchands, se transformer au cours des siècles pour devenir le droit des affaires ou droit économique.
Il peut paraître étonnant que la juridiction consulaire, composée exclusivement de commerçants, ait connu par contraste une stabilité remarquable, puisqu'elle nous est parvenue quasiment inchangée depuis sa création en 1549.
Les litiges actuels ne ressemblent pourtant en rien, pour l'essentiel, à ceux pour lesquels les tribunaux consulaires ont été constitués, qui opposaient les membres des corporations et les marchands des foires de la Renaissance… Si les contestations se réglaient alors selon les usages, elles requièrent aujourd'hui la connaissance de mécanismes complexes, la maîtrise d'une législation dense dans des domaines aussi variés que le fonctionnement des sociétés, la responsabilité des banquiers, les questions de propriété industrielle, les procédures collectives ; encore ces difficultés ne se limitent-elles pas au droit interne puisque le développement d'échanges commerciaux dans un monde globalisé nécessite une connaissance de plus en plus approfondie des législations étrangères et des règles du droit international.

Le bouleversement est tel qu'il est permis de se demander si la composition des juridictions consulaires, leur répartition géographique et leur positionnement au sein de la justice de droit commun ne doivent pas être revus.
La vraie question est de savoir s'il ne conviendrait pas de substituer au système actuel, qui veut que les juridictions consulaires soient composées de commerçants élus par leurs pairs, celui de l'échevinage, dans lequel le magistrat de carrière est entouré de commerçants élus.
Un tel projet, présenté il y a quelques décennies par le Garde des Sceaux Robert Badinter, avait finalement été retiré in extremis devant l'hostilité des juges consulaires et du monde patronal.
L'argument essentiel des partisans du maintien du système reposait sur l'absence de connaissance, par les juges professionnels, des réalités économiques, contrairement aux juges consulaires, lesquels, grâce à leur expérience, font d'excellents juges du fait.
Cet argument n'était pas dépourvu de toute pertinence, du moins dans les grands tribunaux de commerce. Mais il en serait totalement privé dès lors que les juges professionnels, de par les nouvelles règles de recrutement imposant l'exigence d'une pratique professionnelle antérieure, présenteraient les qualités qui leur sont aujourd'hui déniées.

Cette formule rapprocherait notre juridiction commerciale de celle des autres pays d'Europe où il n'existe pas de juridiction homogène de commerçants, mais la plupart du temps des tribunaux mixtes, comme en Belgique et en Allemagne. Elle conduirait, d'ailleurs, à un alignement sur notre système d'Alsace-Moselle et d'outre-mer qui ne fait guère l'objet de critiques.

Elle serait de nature à concilier la tradition française, attachée à une justice corporative en la matière, avec la nécessité de doter ces juridictions de magistrats familiers de la mise en œuvre des règles de procédure et rompus tant aux techniques de droit privé interne qu'à celles du droit communautaire. Elle éviterait en outre les abus réels ou supposés, inhérents à tout système corporatif.

Cela permettrait enfin une meilleure intégration de la justice consulaire au sein de la justice de droit commun, laquelle ne se réalise aujourd'hui que par la voie de l'appel devant des magistrats qui sont tous professionnels. Rien, du reste, ne s'opposerait à ce que les mêmes règles de l'échevinage s'appliquent également au sein des chambres commerciales d'appel.

Cette réforme de la composition des juridictions consulaires devrait s'accompagner de celle de leur implantation géographique, devenue anachronique,

et à laquelle la réforme récente de la carte judicaire a peu remédié. N'ayant pas varié depuis de très nombreuses années, elle ne répond plus, dans bien des cas, aux mutations économiques considérables qui se sont produites. On retrouve les mêmes problématiques que celles qui ont nécessité la réforme de la carte judiciaire : des centres autrefois prospères sont en déclin et les tribunaux de commerce qui s'y trouvent voient leur activité se réduire comme peau de chagrin tandis que d'autres, situés dans des villes importantes, au cœur de régions en plein essor, n'ont pas une assise territoriale suffisante.
Il est donc indispensable de procéder à un regroupement des tribunaux de commerce actuels, même si l'on sait qu'il est politiquement délicat à réaliser.
Le législateur a pourtant perçu cette nécessité en décidant de limiter à dix le nombre de tribunaux de commerce habilités à connaître des procédures de suspension provisoire des poursuites et d'apurement collectif en faveur d'entreprises d'intérêt national ou régional.
Mais la réforme la plus radicale, qui serait aussi la plus cohérente, consisterait à inclure la réforme territoriale des tribunaux de commerce dans celle, plus vaste, de la justice de droit commun, chaque tribunal de première instance ayant une ou des chambres commerciales.

La même inadaptation peut être constatée s'agissant des conseils de prud'hommes. Cette juridiction, qui constitue la pierre angulaire de la justice du travail, présente la particularité d'être paritaire, c'est-à-dire composée de salariés et d'employeurs élus.
Conçue en 1848, elle reposait à l'origine sur la volonté généreuse, qui prévalait alors, de réaliser, par ce paritarisme, un équilibre essentiel à la collaboration des classes. Cet état d'esprit se traduisait dans cette autre caractéristique des conseils de prud'hommes : l'importance que revêtait dans leur fonctionnement la mission de conciliation à tous les stades de la procédure, considérée comme faisant partie de l'essence même de cette juridiction.
En raison du caractère paritaire de celle-ci, il était prévu, en cas de partage des voix entre les deux collèges – employeurs et salariés –, le recours à un juge professionnel chargé du départage.
Les conseils de prud'hommes ont longtemps été le moule du droit du travail et ont été considérés comme une conquête de la lutte ouvrière, ce qui rend délicate toute réforme, qui pourrait être interprétée comme une régression sociale.
Cependant, le maintien de la situation actuelle est indéfendable. Outre que la conciliation – qui traduisait l'esprit même de cette juridiction – y est désormais

quasiment inexistante, le recours au départage atteint, dans certains conseils importants, un taux qui contribue à paralyser le cours de la justice.

Le droit du travail français est un des plus protecteurs des salariés qui soient, et la Cour de cassation consacre cette conception. Mais il est devenu d'une grande complexité : les conseils de prud'hommes sont désormais davantage chargés d'appliquer des règles générales d'origine législative ou conventionnelle que de faire respecter des usages professionnels locaux. En outre, il a été souligné que les conseils de prud'hommes étaient menacés dans la mesure où ils se voyaient progressivement relégués dans leur rôle originel de juges du contrat de travail alors que s'est opéré récemment un glissement ou, tout au moins, une superposition des rapports individuels aux rapports collectifs.

L'approche idéologique du droit du travail s'est effacée au profit d'une conception plus pragmatique et réaliste, soucieuse avant tout d'efficacité. La question est donc moins quel droit et pour quoi faire, que l'application d'un droit efficace, conciliant célérité et qualité.

Une décision ne vaut que par la rigueur de sa motivation, à défaut de quoi les cours d'appel se trouvent, comme cela est actuellement le cas, totalement noyées sous les recours. Salariés et employeurs en font les frais en attendant parfois de longues années une décision définitive dans un domaine qui, par nature, appelle une solution rapide.

La lutte des classes, le paritarisme comme moyen d'y substituer une collaboration des classes, apparaissent bien loin de notre monde.

Le passage du paritarisme à l'échevinage, qui est la solution actuelle en cas de départage, permettrait de sauvegarder l'aspect « confrontation des intérêts » par la présence d'un employeur et d'un salarié élu au sein de la formation de jugement présidée par un juge professionnel. La présence de ce dernier permettrait une meilleure intégration prud'homale dans la justice et une meilleure articulation du droit et du fait.

L'idée d'un tel changement est ancienne : un projet gouvernemental de chambre sociale dans les tribunaux de grande instance avait été présenté en… 1970. Devant l'opposition de la CGT et de la CFDT, le gouvernement n'était pas allé plus loin. Mais cette réforme s'impose avec encore plus d'acuité de nos jours : elle aurait l'avantage de faire traiter l'ensemble du droit du travail (à l'exception de celui dont la connaissance est actuellement dévolue à la juridiction administrative) par la même juridiction de droit commun, qui serait le tribunal de première instance.

La médiation, qui devrait pouvoir trouver, dans les relations de travail, un champ considérable de développement, s'en trouverait facilitée ; elle est d'ores et déjà mise en œuvre devant les chambres sociales de la Cour d'appel de Paris.
Enfin, la prévention des litiges pourrait également contribuer à limiter le contentieux ; elle consisterait à inciter les partenaires sociaux à adopter une procédure paritaire, interne à l'entreprise, préalable à la saisine de la juridiction du travail, et destinée à régler les litiges individuels. Le système aurait d'autant plus de chance de succès qu'il résulterait d'un accord des partenaires sociaux par le biais des conventions collectives.

Le citoyen juge : et si le populisme n'était pas là où on le croit ?

Le citoyen est, bien sûr, directement concerné par la justice pénale. Il participe d'ailleurs à celle-ci en jugeant, aux côtés des magistrats professionnels, des crimes, c'est-à-dire des infractions les plus graves, au sein des cours d'assises. Il ne peut être contesté que cette justice se révèle d'une grande qualité, le sérieux avec lequel les jurés accomplissent leur mission étant unanimement reconnu.

La présence des citoyens au cœur de la justice pénale est de nature à légitimer celle-ci, de nature aussi à leur faire comprendre la difficulté de l'acte de juger, modifiant radicalement en cela l'opinion qu'ils peuvent avoir de l'institution judiciaire. On ne peut qu'être frappé du grand respect dans lequel la plupart des jurés tiennent la justice ; ils sortent de cette expérience transformés et humainement enrichis. Pourquoi, dès lors, des citoyens ne pourraient-ils pas participer, encadrés par des magistrats professionnels, au jugement d'affaires qui ne nécessitent pas la connaissance de règles juridiques complexes, mais l'appréciation de la gravité de comportements réprimés par la loi, pour statuer sur la culpabilité et la peine ?

C'est dans cette optique de renforcement du lien entre les citoyens et l'institution judicaire que la loi du 10 août 2011 a permis à des citoyens de siéger dans des tribunaux correctionnels et dans les tribunaux de l'application des peines compétents pour statuer sur les demandes de libération conditionnelle.

On comprend mal les procès d'intention qui ont été faits au législateur, accusé d'avoir, ce faisant, cherché à pallier, par le biais de l'intrusion de ces citoyens dans le système pénal, le laxisme supposé des juges. Étrange comportement qui conduit à ne pas vouloir des citoyens dans les tribunaux qui rendent la justice « au nom du peuple français », singulière contradiction aussi qui conduit à refuser aux citoyens qui participent au jugement des crimes la possibilité de participer au jugement des délits.

Ce regard des citoyens enrichira la démarche judiciaire, il la légitimera et interdira, dans une période où le populisme constitue un réel danger, que les démagogues puissent être tentés d'opposer le peuple et l'institution qui rend la justice en son nom.

Conclusion

> « Il n'est pas de problème dont
> une absence de solution ne finisse par venir à bout. »
>
> Henri Queuille

Conçue voilà deux siècles pour répondre aux besoins d'une société aujourd'hui disparue, la justice donne le spectacle d'une institution moribonde. L'édifice est tellement décrépit que les colmatages se révèlent impuissants à le maintenir debout.

Et pourtant, la justice constitue un des piliers de l'état de droit : c'est par elle que les droits de chacun peuvent être reconnus. Qu'elle vienne à manquer à sa mission et ce sont les libertés comme l'égalité devant la loi qui se trouvent menacées.

C'est dire que la résignation n'est pas de mise. Comment pourrait-on s'accommoder d'une situation qui contribue à fragiliser la démocratie au moment même où celle-ci est confrontée à de redoutables défis ?

Pour toutes ces raisons, la justice mérite un projet ambitieux, une véritable révolution apte à la guérir de ses plaies, à l'opposé du précepte radical d'Henri Queuille.

Pour autant, il convient d'éviter l'illusion dangereuse consistant à tout attendre d'elle. Le phénomène de judiciarisation qui en est la manifestation n'est pas le symptôme d'une justice forte, mais celui d'une société malade qui ne sait plus résoudre ses problèmes qu'en recourant au juge.

La société ne peut se défausser sur la justice de ses démissions et de ses lâchetés ; le juge ne peut se substituer à l'école, à la famille et, plus généralement, à toutes les institutions qui façonnent le citoyen responsable lorsqu'elles jettent l'éponge et laissent le champ libre au communautarisme.

Le juge ne peut davantage suppléer le législateur lorsque celui-ci préfère, par prudence tactique, le laisser s'emparer de sujets qui, pourtant, relèvent par leur nature de sa compétence, pour ensuite mieux s'indigner de l'interventionnisme judiciaire.

Cette démission ciblée du législateur va paradoxalement de pair avec l'inflation législative, cause mécanique de contentieux, avec la multiplication de lois de circonstance qui ligotent le juge, avec la persistance du « tout pénal » qui finit par ôter l'opprobre qui devrait s'attacher à la violation des règles les plus graves de la vie en société.

La qualité de la justice et la confiance que les citoyens placent en elle ne manquent pas de rejaillir sur l'image qu'ils se font de leur démocratie. Mais, parce que la justice constitue une institution régalienne, elle partage en retour, indépendamment de ses qualités ou de ses défauts propres, la faveur ou la défaveur dont l'État est l'objet et la confiance ou la suspicion qu'il suscite.

Il serait enfin tout aussi illusoire et dangereux d'imaginer, au nom d'une conception dévoyée de l'indépendance, une justice en apesanteur, immobile, réfugiée dans sa tour d'ivoire, méprisante, étrangère à tout ce qui se passe autour d'elle, qu'une justice activiste composée non de juges, mais de prêtres missionnaires détenteurs d'une vérité révélée.

C'est entre ces deux écueils, entre orgueil et intolérance, que le juge doit, avec vigilance et persévérance, tracer sa voie.

TABLE

DANS LA MÊME COLLECTION

Christine Kelly, *Le Scandale du silence. Familles monoparentales*, mars 2012

Morad El Hattab, *Kriz*, mars 2012

Claire Berest, *La Lutte des classes. Pourquoi j'ai démissionné de l'Éducation nationale*, mai 2012

À PARAÎTRE

Elizabeth Tchoungui, *Billets d'humeur*, mai 2012

Henri de Bodinat, *Le capitalisme va-t-il mourir de ses sept plaies ?*, septembre 2012

Achevé d'imprimer en mars 2012
sur les presses de la Nouvelle Imprimerie Laballery
58500 Clamecy
Dépôt légal : mai 2012
N° d'impression : 203310
Imprimé en France